JN043856

麹で腹ペタダイエット

麹ダイエットコーチ のぞみ

KADOKAWA

はじめまして、麹ダイエットコーチののぞみです

私は普段、公認心理師として働きながら、「お腹美人」をテーマに麹料理やダイエット法などの情報をインスタグラムで発信しています。私は麹に出合ったことで、小さい頃からずっとぽっちゃりだったのに、嘘のようにお腹がぺたんこになったんです。自分でも本当にびっくり！　万年ダイエッターだった私がダイエットを卒業できた、記念すべき方法、それが「麹で腹ペタダイエット」なのです。

PROLOGUE

黒歴史を含め、
ダイエット歴25年です

初めてのダイエットは高校生のとき。これまでに食べないダイエット、１食置き換えダイエット、痩身エステなど、試したダイエット法は数知れず。でも結局、痩せても元通りに。

ダイエット
＝体重を減らすこと
だと思っていました

ダイエット三昧だった当時の私は、とにかく体重を減らすのが目的でした。数字に一喜一憂していても、まったく理想の身体にはなっていないことにあるとき気づいたんです。

リバウンド地獄
から抜け出せない日々

とはいえ、どうすれば痩せた身体をキープできるのかわかりませんでした。そのため、ずっと痩身エステにローンを組んで通い続け、無理してキープしようと粘った時期も……。

ダイエットがキッカケで
身体が悲鳴!!

結局、無理なダイエットが祟り、25歳という若さで尿管結石に。病院の先生にも「どうして？」と驚かれました。このとき、あぁ痩身エステをやめられるとホッとしたんですよね。

無知なダイエットは
やめようと心に誓った日

身体を壊してから、すべてが間違っていたとわかり、ダイエットと距離をとって、普通の生活に戻りました。暴食こそしなかったけれど、徐々に体重が元に戻ってきてしまいました。

そうこうするうちに
産後太りへ突入…!!

その後、29歳で妊娠。順調に体重は増えていきました（笑）。さらに3年後に2人目を出産。このときの体重はなんと+16kg！　自分に構う余裕もなく、産後は太ったままでした。

産後太りが産後ではなくなり、**もはや中年太りか!?**

仕事にも復帰し、保育園へお迎えに行く前に甘いドリンクを飲んで元気の前借りをよくしていました。まったく痩せる気配はなく、産後とは言い訳できないくらいの年月が……。

筋トレしてもなぜか**お腹が痩せない**現実…

無理なダイエットではなく、運動して痩せようとジムに通い始めた時期。ストイックに通い詰めたので痩せてはきたものの、どうしてもお腹だけは痩せず。停滞していました。

そして、運命が動き出したのが**ファスティング**との出合い

30代後半となり、不調が頻発。検査をしたら血糖値が高いことがわかり、「自分の健康をちゃんとしよう」とスイッチが切り替わった瞬間でした。そんなときファスティングに出合います。

ヤッター!!

さらに、「麹」を引き寄せ、痩せないお腹に変化が!!

ファスティングでスッキリとした身体をキープする食事に何がいいかと思っていたところに麹と出合ったんです。麹で料理を始めたら美味しいうえにお腹がやっとぺたんこに!!

腸や分子栄養学を学んだらよりスッキリして **体調も上向きに!!**

麹でお腹が痩せた理由を知るべく、腸内環境や発酵のことを調べ、追究。分子栄養学も勉強し、食事と向き合った結果、麹のダイエットがとても理にかなっていることを確信！

自信をもって今が「My Best」と言える身体に

麹ダイエットは期間限定ではなく、日常に溶け込んでいきます。美味しいし、食べていいから自然と続けられるんです。リバウンド知らずの身体になり、今が自分史上最高です！

麹で
腹ペタ
ダイエット
リバウンドなし!
糖質OK!
食事制限なし!
麹ダイエットコーチ のぞみ
KADOKAWA

これ、じつは
麹でダイエット後の
私のお腹なんです！

ダイエットメソッドを生徒さんに**教える側に**なりました

麹やファスティングの資格をとり、講座を開催するように。ご要望もあり、これらを掛け合わせた麹ダイエットのメソッドをオリジナル講座としてご提供するまでになりました！

「興味あるけれど何から始めればいいの？」というみなさんにもシェア！

麹ダイエットはお腹がぺたんこになるのはもちろん、便秘のお悩みが解消されたり、一緒に食事をされるご家族も健康になれるメソッドです。不調に悩んでいる方もぜひご一緒に。

本書を通じて、一緒に**「腹ペタ美人」**を目指しましょう!!

麹初心者も大歓迎！　基本的な塩麹のつくり方をはじめ、麹を使ったレシピもご紹介。麹のほか、ファスティングやおうち筋トレも解説しているので、ぜひ参考にしてください！

「腹ペタ」を実現するには腸内環境の改善がカギです!!

腸内環境がよくなると…
便秘解消!!
体調も快調に!
見た目もわかりやすくスッキリ!!
メタボも解決!
スッキリ

腹ペタ ＋ 腸内環境良好

の必須アイテムが

手づくりでも

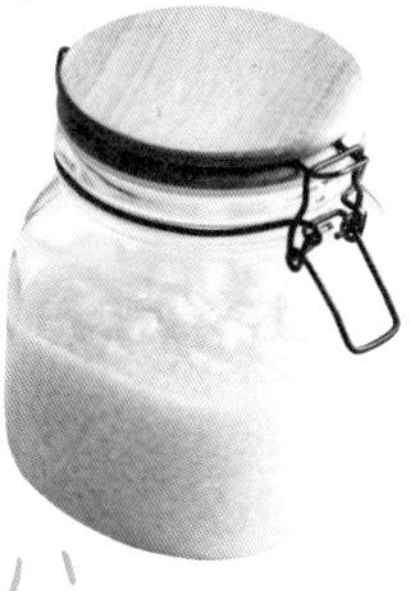

麹!!

市販品でもOK！

発酵食品が腸によいというのはご存じの方も多いはず。麹も昔から伝わる発酵食品の代表格です。麹を毎食取り入れると、腸内環境が整うのはもちろん、栄養の消化吸収と不要なものの排出の双方を高めてくれる効果も！　年齢とともに代謝や消化力が落ちてくるので、麹はダイエットを手助けする心強い味方になってくれるのです。

「麹」を取り入れれば…

食べていい！　我慢しなくていい！

勝手に自然と痩せてくる!!

「腹ペタダイエット」実践者の変化をご紹介！

のぞみ

Instagramでも公開している
私のBefore・After

万年ぽっちゃりだった体型から、くびれや腹筋のラインが出現！このときはとてもうれしかった覚えがあります。

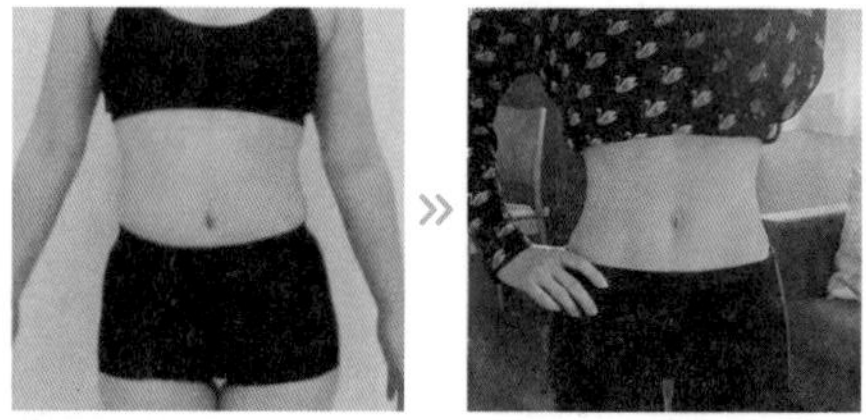

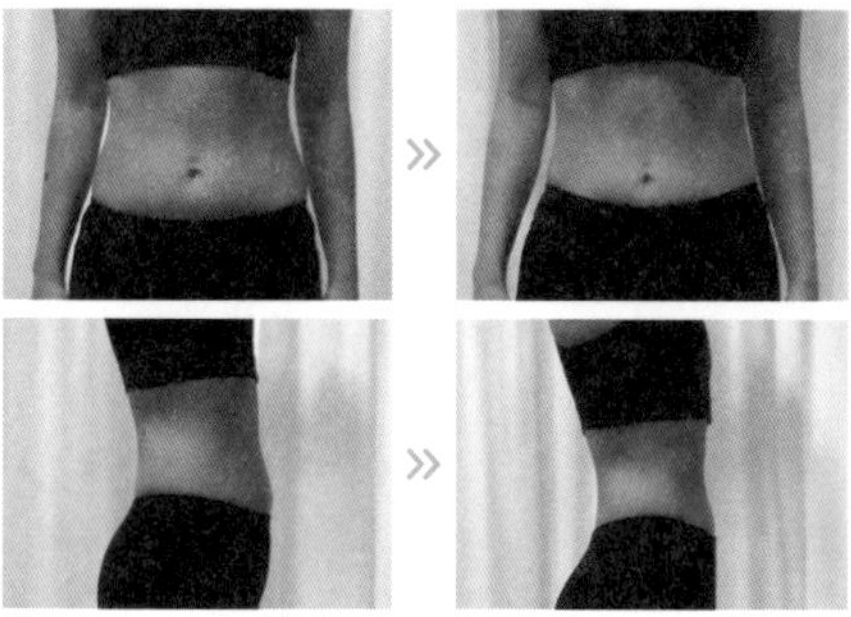

Aさん

横から見たときの
変化が歴然！ ぺたんこ!!

前から見るよりも横から見たときの変化が歴然！ 下っ腹のぽっこり感がなくなり、お腹がスッキリぺたんこに。

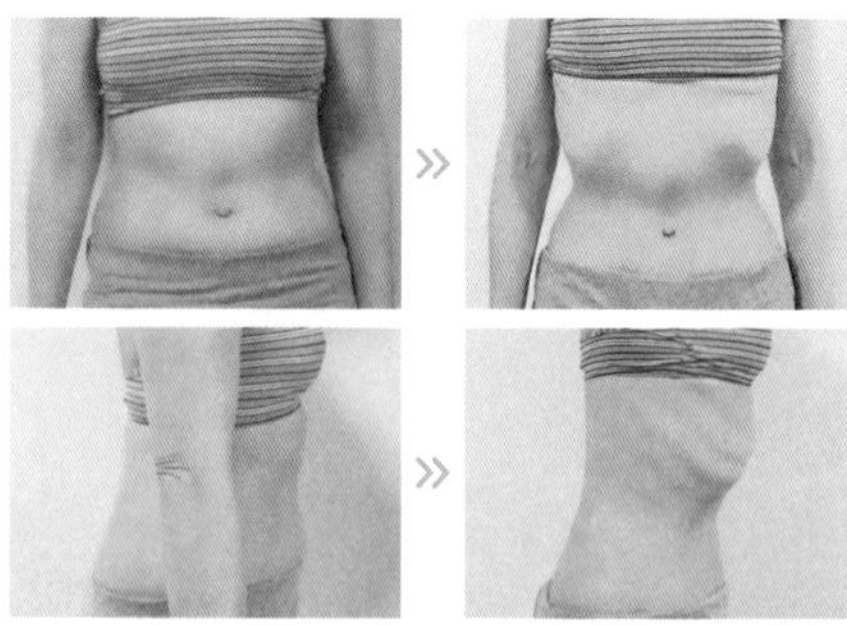

Bさん

ぽよんとしていたお腹が
シュッとして縦長に！

痩せ過ぎちゃった!? と感じるくらいお腹がぺったんこ！ 余分な脂肪が削ぎ落とされ、引き締まったお腹に変化。

麹で腹ペタダイエットは
リバウンドしないのが最大の特徴です！…が!!

もっと！ **見た目のスッキリ感を目指すなら…！**

ファスティング ＋ 簡単・おうち筋トレ もプラス！

**あきらめていた「くびれ」と埋もれていた「腹筋のライン」が
アラフォーでも出てきます!!**

ダイエット黒歴史をもつ私からの最大のアドバイスは…

いきなり生活を変える ダイエットは続きません!!

「腹ペタダイエット」で 変えるのは1つのみ! 塩を塩麹に チェンジするだけ。

だから 続けられるんです!

ダイエットは期間限定ではなく、日常にしてしまうのがリバウンドさせないコツ!　まずは3カ月続けて、生活に定着させていけたらもう怖いものなしですよ。

腹ペタになる!　しかも健康的にもなれる!
3カ月ダイエットの基本のロードマップを見ていきましょう!

3カ月の「麹で腹ペタダイエット」

基本ロードマップ

「麹で腹ペタダイエット」は、麹料理・ファスティング・おうち筋トレの3つで構成しているプログラムです。上手に取り入れるための基本のロードマップをここでは解説します。できるところから一緒にやっていきましょう！

1カ月目

「麹」を使った食事でお腹の内側から整える月間

いきなり麹料理も筋トレもファスティングも！　と全部を取り入れていくと、生活が急変し、ダイエットが長く続かなくなってしまうので、まずは麹料理から順に始めていきましょう！

1週目　2週目　3週目

麹を使った食事でお腹の内側（腸）を整えることが最優先！

麹料理には「塩麹」を使用します。既製品でも、手づくりでも、どちらでもOK！　いつもの料理で使用している塩を塩麹に替えるだけ。まずは美味しくいただきながらお腹の内側を整えます。１カ月でも痩せてくる人もいるはず！

→詳しくはChapter 1へ

4週目

ファスティング（3日間）1回目をスタート

麹料理に慣れてきて、お腹の調子がよくなってきたら、いよいよファスティングの１回目を行います。ここでググッと身体が軽くなり、腹ペタ感が出てきますよ。残りの２カ月を乗り切る原動力にしましょう！

→詳しくはChapter 2へ

2カ月目

お腹の内側が整って きたらいよいよ 「おうち筋トレ」強化月間

麹料理に慣れ、ファスティングを経験したら、お腹の内側も快腸のはず。２カ月目は、引き続き麹料理を継続しつつ、お腹の外側からぺたんこにするおうち筋トレをスタート！

1週目 2週目 3週目 4週目 ……

引き続き、麹を使った 食事で整えます

麹料理づくりにも慣れてきた頃。つくり置きレシピ（P.40～）や麹のスイーツレシピ（P.42～）も活用して、我慢し過ぎることなく、腸によいものを美味しく食べながらさらに続けていきましょう！

&

おうち筋トレで お腹の外側からも 引き締めスタート！

２カ月目からおうち筋トレを入れていきます。筋トレといっても、ほぐすストレッチもあり、ハードなものではないのでご安心を！ 隙間時間でできるものがメインなので、少しずつ頑張りましょう。

→詳しくはChapter 3へ

3カ月目

最後の総仕上げ！ 麹料理もおうち筋トレも 日常にする月間

３カ月目で意識したいのは「継続」です。麹料理やおうち筋トレを行うことが習慣になっていたらgood！　最後に２回目のファスティングを行ったら腹ペタ美人の完成です。

1週目 ……

麹を使った食事& おうち筋トレを継続！

麹料理とおうち筋トレが生活になじんできたら、大きなリバウンドの心配はナシ。３カ月目が終わっても、そのまま継続し、麹ライフと身体を動かすことを楽しんで。

2週目 ……

ファスティング（3日間） ２回目をスタート

ファスティングの１回目から約１カ月はあけて２回目を行います。どんどん身体が軽くなって、腹ペタがいよいよ完成へ。自分でも驚くくらいスッキリ変身するはず！

3週目 4週目 ……

麹を使った食事& おうち筋トレで総仕上げ！

ファスティング後は、また麹料理を再開！　おうち筋トレとともに習慣化できてきましたか？ ３カ月のプログラムが終わっても、ぜひ続けてくださいね。

CONTENTS

Chapter 2 食いしん坊でもできるファスティング

Chapter 3

天然のコルセットをつくる！「おうち筋トレ」

Chapter 4

じっくり解説！太るメカニズム・痩せるメカニズム

Chapter 5

痩せるために必要な栄養のヒミツ

Chapter 6

日常生活の習慣リセットでもっとダイエットがラクに！

Chapter 7

3カ月ダイエット、その後の過ごし方

STAFF

装丁・本文デザイン／眞柄花穂、石井志歩（Yoshi-des.）
イラスト／伊藤ハムスター、小坂タイチ
撮影／高村瑞穂
スタイリング／辻元智子
調理補助／船見恵美
校正／麦秋アートセンター
取材協力／宇野ナミコ、木村直子
編集／長田和歌子

私のダイエット黒歴史

Vol.1

高校生で「食べないダイエット」デビュー！

私がダイエットに目覚めたのは、高校時代です。畑に囲まれた田舎の中学校から、街中の高校に通い始めたんですね。同級生がみんなかわいくて、スタイルがよくて「私も痩せなきゃ！」と一念発起。まず試したのは、食事を減らすことでした。朝食を抜いたり、母にお弁当を小さくしてもらったり。でも、結局お腹がすいて、購買で買ったパンをオヤツに食べちゃうんです……。この頃は友だちと、放課後にファストフードで、ポテトをつまみながらおしゃべりするのも楽しくて、ちっとも痩せませんでした。今思うと、母のお弁当はすごく栄養バランスが考えられていたのに、申し訳ないことをしました。

Chapter
1

お腹から
痩せていく
最高の麹レシピ

HARAPETA

バランスのよい献立の考え方

麹ダイエットを始めるにあたって、「主食＋主菜＋副菜」の基本的な献立を組み立てるときの考え方を知っておくと、毎日迷わずに済むのでラクチンです。ポイントは、次の3つ！

ポイント1 「たんぱく質の確保」が最優先！

肉、魚、卵などのたんぱく質が豊富な食材を主菜に置き、「手のひら1枚分」の量を目安にとりましょう。なぜたんぱく質が最優先なのかというと、ダイエットでは、脂肪燃焼の要である筋肉はもちろん、腹ペタのための最重要器官である胃腸にしっかり働いてもらうことが欠かせないから！　**筋肉も胃腸も、その主成分はたんぱく質なので、その働きと再生を活発にするためには、十分量のたんぱく質をとることが必須**なのです。脂肪をしっかり燃やせる、必要な栄養を吸収できる、不必要なものはどんどん排泄できるダイエット体質をつくるために、「たんぱく質の確保」は絶対条件！　と覚えておいてくださいね。

ポイント2 たんぱく質に麹をプラスして吸収力アップ！

主菜の食材が決まったら、塩麹を調味料としてどんな料理をつくるかを考えます。肉や魚、卵を塩麹に漬けたり、塩麹を混ぜたりすることで、たんぱく質の消化・吸収がグンとアップ！　腸内環境も改善されて、腹ペタ体質にスイッチしていきます。

ポイント3　副菜・汁物で野菜を両手に1杯、主食はこぶし1個分

「腹ペタ」のためには、腸内環境を整える食物繊維も重要な栄養素。副菜・汁物で、両手のひらにたっぷりのるくらいの野菜をとってください！　ご飯やパン、麺などの主食はこぶし1個分が目安です。

痩せ体質のカギはたんぱく質！
麹を調味料にすれば
消化・吸収もグンとアップ
たんぱく質や野菜の分量を
副菜で調整すると
バランスがよくなります
炭水化物は不足より過剰に注意。
こぶし１個分が目安と心がけて
野菜は副菜・汁物あわせて
両手のひらにのるくらいの量が目安。
お味噌汁にも積極的に野菜をイン!!

基本は「塩麹」で腹ペタ！
「塩麹」をまずは準備

米麹と塩、水だけでできている発酵調味料である塩麹は、塩気に加えて麹のほんのりした甘みと香りを含んでいて、肉や魚はもちろん、卵や野菜とも相性がよい、万能調味料です。味がよくなるだけでなく、一緒に食べるものの消化吸収を助けたり、腸内細菌を増やしたり、ビタミンやミネラルといった栄養素を豊富にとれるなど、一石二鳥どころか三鳥、四鳥ともいえる、スーパーフード!!

毎日、日常的に使う調味料の塩を塩麹に置き換えるだけで、たんぱく質のダイエット効果を高め、さらに腸が整えられて、「腹ペタ」体質にスイッチすることができる！――というわけです。

塩麹は市販品を利用するのでもOK。でも、「米麹、塩、水の3つの材料を混ぜるだけ」と、つくり方はとても簡単なうえ、コスパがこちらのほうがいいので、ぜひ自家製の塩麹づくりにも挑戦してみてください。米麹には「生麹」と「乾燥麹」がありますが、まずはスーパーなどで手に入りやすい「乾燥麹」から始めるのがお手軽でしょう。発酵は通常、常温で7~10日間かかりますが、ヨーグルトメーカーなどの発酵器があれば、8~10時間で仕上がるので、時短したい人にはおすすめです。

「塩麹」のつくり方

● 材料

乾燥米麹100ｇ
＋水165㎖
（生麹のときは135㎖）
＋天然塩35ｇ

＼「麹」初心者にご紹介！／

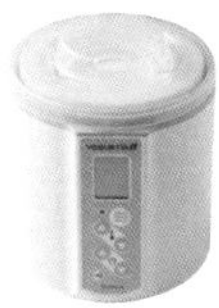

発酵器

ヨーグルトメーカーなどの発酵器があると便利です。常温でも塩麹はつくれますが、１日でつくりたい人にはおすすめ。温度は58℃、8～10時間にセットすればOK。

乾燥麹

スーパーやネット通販で手軽に手に入るのが乾燥麹。こちらで塩麹をつくってもよし、既製品の塩麹を購入するのでも、OK。

● つくり方

分量の米麹と天然塩をボウルに入れる。

①の材料を手でよくもみ込み、米麹に塩をしっかりまぶす「塩切り」をする。

②をよく消毒した保存容器に移し、水を加えて消毒したスプーンで塩が完全に溶けるまでよく混ぜる。

容器にキッチンペーパーをかぶせ、輪ゴムで留める。１日１回、スプーンで混ぜながら７～10日間、常温で発酵させる。

Column

冷蔵で２カ月保存可能　**もっとダイエット向きなきのこ麹**

きのこの旨みと食物繊維が詰まった発酵調味料。肉や魚にまぶしたり、スープやパスタソースに加えたり。豆腐とあえても美味しい！

● 材料

乾燥米麹100ｇ
+好みのきのこ150ｇ
+水165㎖
（生麹のときは135㎖）
+天然塩35ｇ

● つくり方

きのこはふきんなどで表面を軽く拭いてみじん切りにし、しっとりするまでフライパンで蒸し煮にしてよく冷ます。塩切りした米麹ときのこを消毒した保存容器に入れ、水を注ぎ、塩が溶けるまでよくかき混ぜる。キッチンペーパーをかぶせ、常温で７～10日間発酵させる。

RECIPE 1
腹ペタ！塩麹レシピ

バターしょうゆが香ばしい

鮭の塩麹包み焼和定食

ふっくら！ 鮭の塩麹包み焼
きのこ×もやし入りで
食物繊維もたっぷり
ラクうま！ささ身のあえ物
つくり置き活用の
時短副菜！
追いたんぱく質＆野菜お味噌汁
お味噌汁にも
豆腐や野菜をプラス

ふっくら！ 鮭の塩麹包み焼

● 材料（2人分）

生鮭の切り身 … 2切れ（約200g）
塩麹 … 20g（生鮭の重さの10％目安）
もやし … 1袋
小松菜 … 2株
好みのきのこ … 1パック分（約100g）
しょうゆ（あればしょうゆ麹）… 小さじ2
バター … 20g

● つくり方

1. オーブンを200℃に予熱しておく。
2. 生鮭に塩麹をまぶし、20分以上置く。
3. 30×30cmのオーブンシートを2枚用意する。1枚を広げ、その中央にもやし、根元を落として3〜4cmにカットした小松菜、食べやすい大きさにカットしたきのこの半量を重ね、その上に2の生鮭を1切れのせる。生鮭にしょうゆの半量をふり、バターの半量をのせたらシートをきっちり包む。もう1切れの生鮭も同様にする。
4. 3をオーブンに入れ、200℃で13〜14分ほど焼いて、器に盛る。

ラクうま！ ささ身のあえ物

● 材料（2人分）

つくり置きの塩麹サラダチキン … 1本分
　→つくり方はP.40参照
つくり置きの酢玉ねぎ … 100g
　→つくり方はP.41参照
トマト … 中2個
乾燥わかめ … 3g

● つくり方

1. サラダチキンは斜め薄切り、トマトはひと口大、乾燥わかめは水で戻して軽く絞ってからそれぞれ食べやすい大きさに切る。
2. ボウルに1と酢玉ねぎを入れ、全体をあえて器に盛る。

※お味噌汁は普段通りのつくり方でOKです。入れる具材をぜひ工夫してみてください。

RECIPE
2
腹ペタ！
塩麹レシピ

野菜もたっぷりとれる
ふっくら塩麹蒸ししゃぶ定食

旨み凝縮！ 塩麹蒸ししゃぶ

肉の旨みと野菜の栄養をまるごといただく

ピリ辛！ アボカドのキムチあえ

キムチの発酵パワーで腹ペタを強力サポート

薬味たっぷりしょうゆタレ

みりんを甘酒に置き換えると腸活パワー強化に！

旨み凝縮！ 塩麹蒸ししゃぶ

● 材料（2人分）

豚ロース薄切り肉 … 250ｇ
塩麹 … 25ｇ（豚肉の重さの10%目安）
好みの野菜やきのこ（さつまいも、パプリカ、
　小松菜、しめじ、えのきなど）… 適量
A しょうゆ（あればしょうゆ麹）… 大さじ2
　酢、みりん（あれば甘酒）… 各大さじ1
万能ねぎの小口切り … 大さじ2～3

● つくり方

1. 豚肉を広げおき、両面にまんべんなく塩麹をまぶして20分以上置く。
2. 野菜は食べやすい大きさに切り、きのこも食べやすい大きさにほぐす。
3. 豚肉と野菜がなるべく重ならないように蒸し器に並べ、10分蒸す。
4. Aのタレの材料を耐熱容器に入れて混ぜ合わせ、ふたをしないで電子レンジ（500W）で1分加熱。万能ねぎを散らす。
5. 3が蒸しあがったら、4のタレをつけていただく。

ピリ辛！ アボカドのキムチあえ

● 材料（2人分）

アボカド … 1/2個
無添加キムチ … 80ｇ
つくり置きの酢玉ねぎ … 50ｇ→つくり方はP.41参照

● つくり方

1. アボカドは種と皮を取り除き、2cm角に切る。
2. ボウルに1とキムチ、酢玉ねぎを入れて全体をざっくりあえ、器に盛る。

RECIPE 3
腹ペタ！塩麹レシピ

活きた麹の酵素を丸っといただく

腸活漬け丼定食

さっぱり！わかめと豆腐の塩麹あえ
たんぱく質も食物繊維もとれるパワー副菜！
野菜たっぷりお味噌汁
主菜の野菜不足を補うべく根菜など野菜をプラス
塩麹タレが絶品！腸活漬け丼
非加熱だから酵素が元気いっぱい！

塩麹タレが絶品！ 腸活漬け丼

●材料（２人分）

好みの刺身 … 300 g
温かいご飯 … ２膳分
酒 … 大さじ２
みりん … 大さじ２
塩麹 … 大さじ２
すりごま … 適量
小松菜、ねぎ、みょうが … 適量

●つくり方

1. 酒とみりんを鍋に入れて火にかけるか、耐熱容器に入れ、電子レンジ（500W）に１分半かけてアルコールをとばし、冷ましておく。
2. ポリ袋に 1 を入れ、塩麹とすりごまを加えて外からもんで混ぜ合わせる。
3. 刺身を 2 のポリ袋に入れ、空気を抜いてタレにしっかり浸した状態にして冷蔵庫で20分以上置く。
4. 小松菜は蒸して根元を落とし、5cmの長さのザク切りに。ねぎは縦に切り開き、芯を取って縦に千切りにしたら冷水にさらし、パリッとしたら水気をきる。みょうがは縦半分に切り、斜め薄切りにする。
5. 3 をご飯にのせ、4 の薬味をのせていただく。

さっぱり！ わかめと豆腐の塩麹あえ

●材料（２人分）

乾燥わかめ … 3 g
つくり置きの酢キャベツ … 100 g →つくり方はP.41参照
木綿豆腐 … 1/2丁
塩麹 … 大さじ１

●つくり方

1. 乾燥わかめは水で戻して、軽く絞ってから食べやすい大きさに切り、酢キャベツと軽くあえる。
2. 豆腐はひと口大の食べやすい大きさに切り、塩麹をまぶしておく。
3. 器に豆腐を盛り付け、1 をのせていただく。

※お味噌汁は普段通りのつくり方でOKです。入れる具材をぜひ工夫してみてください。

RECIPE 4
腹ペタ！
塩麹レシピ

すべて自家製！
オムレツ＆ブレッド＆ソーセージのワンプレートごはん

つくり置き 酢キャベツ
→つくり方はP.41

つくり置き 自家製塩麹ソーセージ
→つくり方はP.41

塩麹入りオープンオムレツ
しらすとねぎもたっぷりで
栄養満点！

混ぜて焼くだけ！腸活ブレッド
グルテンフリーの
超簡単米粉パン

塩麹入りオープンオムレツ

● 材料（2人分）

卵…3個
しらす…30g
万能ねぎ…1/2束
塩麹…大さじ1
甜菜糖（なければ砂糖）…小さじ2
油…小さじ1

● つくり方

1. 万能ねぎを小口切りにする。
2. ボウルに卵を割り入れてほぐし、しらすと1の万能ねぎ、塩麹と甜菜糖を加えてよく混ぜ合わせる。
3. フライパンに油を熱して2を流し入れ、ふたをして弱火で8分ほど焼く。表面が固まってきたら裏返し、裏面を2分ほど焼く。

混ぜて焼くだけ！ 腸活ブレッド

● 材料（口径6cmのマフィン型2個分）

A
- 無調整豆乳…60g
- 油…大さじ1
- 塩麹…小さじ2
- はちみつ…大さじ1

B
- 米粉…50g
- オートミール（クイックオーツ）…30g

ベーキングパウダー…小さじ1

● つくり方

1. オーブンを180℃に予熱しておく。
2. ボウルにAを入れてよく混ぜる。
3. 2にBを加え、さらによく混ぜたら、オートミールがなじむまで5分ほど置く。
4. 3にベーキングパウダーを加え、よく混ぜ合わせたら型に入れ、台に軽く打ちつけて空気を抜く。
5. 180℃のオーブンで20分ほど、表面がきつね色になるまで焼く。

RECIPE 5 腹ペタ！塩麹レシピ

中はふっくら外はサクッ！

塩麹鰺が主役の和献立

時短で完成！ 超ラク塩麹きのこスープ
食物繊維がどっさりとれる
腹ペタスープ
さっぱり！ 酢キャベツとささ身のあえ物
つくり置き×つくり置きで
1分で完成！
彩り生野菜サラダ
緑・赤・黄と
色の濃い野菜を
積極的にとって！
サクふわ！ 鰺の青のりソテー
塩麹と青のりだけで
風味豊かな味わいに

サクふわ！ 鰺の青のりソテー

● 材料（2人分）

鰺（半身になったフィレ）
… 6枚（約320～400ｇ）
塩麹 … 32～40ｇ
（鰺の重さの10％目安）
片栗粉 … 大さじ3
青のり … 大さじ1と1/2
油 … 小さじ2

つけあわせ
長芋 … 100ｇ
塩麹 … 10ｇ
片栗粉 … 大さじ2
青のり … 大さじ1
油 … 小さじ1

● つくり方

1. 鰺の両面に塩麹をまぶし、20分以上置く。つけあわせの長芋は皮をむき、幅1cmほどの輪切りにして塩麹を両面にまぶす。
2. バットに鰺用の片栗粉と青のりを入れて混ぜ合わせる。長芋の両面には片栗粉のみをまぶしておく。
3. 鰺の水分をキッチンペーパーで軽く拭きとり、バットに鰺を入れて両面にまんべんなく2のあわせた粉をまぶす。
4. フライパンに油を熱し、皮を下にして鰺を入れ中火で3分ほど焼く。裏返して弱火にしたらふたをし、5分ほど蒸し焼きにして取り出す。
5. フライパンの表面をキッチンペーパーでサッと拭き、油を熱して長芋を並べ入れ、両面がカリッとするまで焼いたら取り出して青のりをふる。

時短で完成！ 超ラク塩麹きのこスープ

● 材料（2人分）

好みのきのこ … 1/2パック分
青ねぎ … 10cm
塩麹 … 大さじ1と1/2
水 … 300㎖

● つくり方

1. きのこは食べやすい大きさに切るか、手でほぐす。青ねぎは斜め細切りにする。
2. 鍋に水を入れて火にかけ、沸騰したら中火にし、きのこと青ねぎを入れる。
3. しんなりしたら塩麹を加えてひと混ぜして火を止める。

さっぱり！ 酢キャベツとささ身のあえ物

● 材料（2人分）

つくり置きの塩麹サラダチキン
… 1本
→つくり方はP.40参照
つくり置きの酢キャベツ … 100ｇ
→つくり方はP.41参照

● つくり方

1. サラダチキンは食べやすい大きさに手で裂く。
2. 1と酢キャベツをボウルに入れ、ざっくり混ぜる。

RECIPE 6
腹ペタ！
塩麹レシピ

ノンオイルなのにコクうま！

塩麹ドライカレー
＆豆乳スープ

野菜ゴロゴロ塩麹豆乳スープ
味付けは塩麹だけ！
まろやかな具だくさんスープ
塩麹サラダドレッシング
旨みたっぷりで美味しく、
腸にもうれしい！
蒸し煮でつくる塩麹ドライカレー
ノンオイル、ルー要らずの
低カロリーなカレー

蒸し煮でつくる塩麹ドライカレー

● 材料（2人分）

鶏ひき肉 … 300ｇ
塩麹（ひき肉用）… 15ｇ
（ひき肉の重さの5％目安）
玉ねぎ … 1/2個
にんじん … 1/2本
パプリカ … 1/2個
まいたけ … 1パック
トマトピューレ … 150ｇ
（もしくはケチャップ大さじ3）
塩麹 … 大さじ2
カレー粉 … 大さじ1
しょうゆ（あればしょうゆ麹）
… 小さじ1
水 … 大さじ2

● つくり方

1. ひき肉と塩麹をポリ袋に入れ、袋の上からもんで全体をなじませ、20分以上置く。
2. 玉ねぎ、にんじん、パプリカ、まいたけをみじん切りにする。
3. フライパンに水を入れ、みじん切りにした2のまいたけ、パプリカ、にんじん、玉ねぎ、1の順に重ねて入れる。ふたをして中火にかけ、8～10分ほど蒸し煮にする。
4. 3にトマトピューレを入れて混ぜ合わせ、塩麹、カレー粉、しょうゆを順番に入れ、混ぜ合わせながら煮詰めて水分をとばす。全体がポロポロになったら火を止める。

野菜ゴロゴロ塩麹豆乳スープ

● 材料（2人分）

じゃがいも … 中1個
小松菜 … 1株
好みのきのこ … 1/2パック分
塩麹 … 大さじ2
水 … 200㎖
無調整豆乳 … 200㎖

● つくり方

1. じゃがいもは洗って皮をむき、1cm角の角切り、小松菜は根元を切り4cmのザク切りにする。きのこは食べやすい大きさに切るか、手でほぐす。
2. 鍋に水を入れて火にかけ、沸騰したらじゃがいもを入れて中火でゆでる。やわらかくなったらきのこと小松菜を入れる。
3. きのこと小松菜がしんなりしたら豆乳を加えて沸騰しないように温め、塩麹を加えて全体を混ぜ合わせたら火を消す。

塩麹サラダドレッシング

● 材料（2人分）

塩麹、油（あればアマニ油）、
レモン汁 … 各小さじ2

● つくり方

1. 計量カップなどに塩麹と油を入れ、混ぜ合わせる。
2. 1にレモン汁を入れて混ぜ合わせて完成。

RECIPE 7
腹ペタ！塩麹レシピ

塩麹よだれ鶏＆卵ときくらげ炒めの中華風献立

超しっとり！ 塩麹よだれ鶏
麹パワーでしっとり＆ぷりぷりの口当たりに
卵ときくらげの炒め物
塩麹ツナ入りでボリューム満点！
根菜と小松菜のお味噌汁
主菜で野菜不足のときはここでプラス！

超しっとり！ 塩麹よだれ鶏

●材料（2人分）

鶏むね肉…1枚（約250ｇ）
塩麹…25ｇ
（鶏肉の重さの10％目安）
片栗粉…適量
きゅうり…1本
トマト…4個
ねぎ…20cm
A［しょうゆ、酢、みりん、すりごま…各大さじ2

●つくり方

1. 鶏むね肉は皮をとり、中央に縦に1本、厚みの半分くらいまで切り目を入れる。切れ目の部分に包丁を寝かせて入れ、片側を開く。鶏肉を180度回し、反対側も同様に開いて厚みを均等にする。
2. 鶏肉の両面に塩麹をまんべんなくまぶし、20分以上置く。
3. きゅうりはヘタを落とし、ピーラーで縦に薄くスライスし、トマトは包丁でスライスする。ねぎは縦に切り開き、芯を取って縦に千切りにしたら冷水にさらして水気をきる。
4. 2の両面に片栗粉をまぶし、沸騰したお湯に入れる。ふたをしたら火を消し、冷めるまで置いておく。
5. Aをあわせて耐熱容器に入れ、ラップをせずに電子レンジ（500W）で1分加熱してタレをつくる。
6. 4を幅1cmほどのそぎ切りにし、きゅうりを敷いた器に盛り付け、タレをかける。ねぎをのせ、トマトを添える。

卵ときくらげの炒め物

●材料（2人分）

卵…2個
ねぎ…1本
乾燥きくらげ…5ｇ
つくり置きの塩麹ツナ…50ｇ
→つくり方はP.40参照
塩麹…大さじ1
甜菜糖（なければ砂糖）
…小さじ2
ごま油…小さじ1/2
油…小さじ1

●つくり方

1. 乾燥きくらげは水で戻して食べやすい大きさに切る。ねぎは幅1cmの斜め薄切りにする。塩麹ツナは手でひと口大にほぐす。
2. ボウルに卵を割り入れ、甜菜糖と塩麹を加えてよく混ぜる。
3. フライパンに油を熱し、1を中火で炒める。
4. 油が回ったら卵を流し入れ、木べらで大きくかき混ぜながら炒める。
5. 表面がほぼ固まったら火を止め、フライパンの縁からごま油を垂らして皿に盛る。

※お味噌汁は普段通りのつくり方でOKです。入れる具材をぜひ工夫してみてください。

腹ペタダイエットを強力サポート！
つくり置きレシピベスト4

あえ物、炒め物にINして栄養価アップ！
塩麹サラダチキン

保存目安／冷蔵で3日

● 材料（つくりやすい量）

鶏ささ身 … 5本（約250ｇ）
塩麹 … 約25ｇ
（ささ身の重さの10％目安）

● つくり方

1. ポリ袋にささ身と塩麹を入れて袋の外からもみ込み、冷蔵庫で20分以上置く。
2. ポリ袋からささ身を取り出し、蒸し器に入れて弱火で5～6分間蒸す。

旨みたっぷり！
自家製塩麹ツナ

保存目安／冷蔵で3日

● 材料（つくりやすい量）

まぐろ（刺身用・赤身）… 1さく（約200ｇ）
塩麹 … 約20ｇ
（まぐろの重さの10％目安）
ローリエ … 1枚

● つくり方

1. 耐熱性ポリ袋にまぐろと塩麹とローリエを入れ、袋の外からもみ込み、冷蔵庫で20分以上置く。
2. ポリ袋の空気を抜き、水が入らないようにしっかり封をする。
3. 鍋に水を入れて火にかけ、沸騰したら2を袋ごと入れて火を止める。ふたをして、冷めるまで置く。

包んで蒸すだけ！

自家製塩麹ソーセージ

保存目安／冷蔵で3日

● 材料（6本分）

豚ひき肉 … 300ｇ、塩麹 … 30ｇ
ハーブミックス … 小さじ2
セージ … 小さじ1

● つくり方

1. ボウルにすべての材料を入れ、粘りが出るまでよくこねる。
2. たねを6等分し、長さ10cm、直径2cmくらいの棒状に整えてオーブンシートで包み、両端をギュッとねじってキャンディ包みにする。
3. 2を蒸し器に入れて8分蒸す。その後、フライパンで焼いても美味しい。

万能つけあわせ！

酢キャベツ＆酢玉ねぎ

保存目安／冷蔵で5日

● 材料（つくりやすい量）

キャベツ …1/4個、天然塩 … 小さじ1/4
塩麹 … 大さじ1、酢 …大さじ3

● つくり方

1. キャベツは洗って千切りにする。
2. キャベツをボウルに入れて天然塩をまぶし、軽く混ぜて10分おく。水分が出てきたらよく絞る。
3. 2と塩麹をポリ袋に入れ、袋の外から軽くもむ。酢を加え、さらにポリ袋をもむ。ポリ袋の空気を抜き、冷蔵庫で半日以上置く。

● 材料（つくりやすい量）

玉ねぎ … 大1個（約150ｇ）
天然塩 … 小さじ1/4、塩麹 … 大さじ1
甜菜糖（なければ砂糖）… 大さじ1
好みの酢 … 適量

● つくり方

1. 玉ねぎは縦半分に切り、できるだけ薄くスライスする。
2. 1をボウルに入れて天然塩をまぶして少し置き、水分が出てきたらしっかり絞る。
3. ポリ袋に2と塩麹と甜菜糖、酢を入れ、袋の外から軽くもみ込んで空気を抜く。冷蔵庫で半日以上置く。

オヤツ食べながら腹ペタできる！
罪悪感ゼロの麹スイーツレシピ3

ダイエット中のオヤツは禁忌……と思いがちですが、麹ダイエットでは問題なし！　腹ペタ効果を後押しするうえ栄養価も高い、麹を使った自家製スイーツなら、罪悪感ゼロで楽しめます。

3つのレシピは、私が日常的につくっている塩麹入りのスイーツ。簡単にできて美味しいので、ダイエット中に自分をいたわりたくなったときは、ぜひつくってみてください。

また、市販のおやつも、選び方を押さえればOK！　下のように自然の甘みがそのまま楽しめるものや、食物繊維が豊富なものであれば、腹ペタ効果も期待できます。

スーパーやコンビニで買える
ダイエット中もOKオヤツ

どうせ食べるなら高級チョコレートがおすすめ。イベント気分になれるうえ、少量で満足感も得られる。原材料名をチェックして、腸にダメージを与える「植物油脂」が入っていないものを選ぼう。

ナッツやドライフルーツなど、噛みごたえのある素材がぎっしりのフルーツバーも、腹ペタの強い味方。原材料名をチェックして、なるべく無添加のものを選んでみて。

干しいもや甘栗は食物繊維が豊富で、素材の甘みが楽しめる、満足感の高いオヤツ。ゆっくり噛めば、満腹感も得られるのがうれしいところ。

麹とヨーグルトのダブル発酵パワーで腹ペタ！

甘酒ヨーグルト

● 材料（1人分）

無糖ヨーグルト（ギリシャヨーグルト、豆乳ヨーグルトがおすすめ）… 100 g
甘酒（濃縮タイプ）… 大さじ1
きなこ … 小さじ2
季節のフルーツ … 適宜

● つくり方

1. 無糖ヨーグルトを器に盛り、甘酒ときなこをのせ、フルーツを添えていただく。

食べごたえのある高ミネラルオヤツ

和風塩麹グラノーラ（保存目安／常温で５日）

● 材料（１人分）

食べるにぼし（無塩）…20g
無塩ナッツ…80g
青のり…大さじ2
卵白…１個分
A［塩麹…小さじ2
　粉チーズ…大さじ1

● つくり方

1. オーブンを150℃に予熱しておく。
2. 卵白を液体の表面に小さな泡が現れる程度まで泡立てる。Aを加え、さらに泡立て器で混ぜ合せる。
3. 2に残りの材料を加え、さらによく混ぜる。
4. オーブンシートを敷いた天板に3を広げおき、150℃のオーブンで15〜18分ほど焼く。
5. 焼けたら一度天板ごと取り出してグラノーラの上下を返し、オーブンに天板ごと戻してオーブンの扉を閉じ、余熱で10分ほどさらに加熱する。
6. オーブンから天板ごと取り出し、冷めて表面が乾いたら食べやすい大きさに割っていただく。

砂糖無添加！自然な甘みが美味しい

塩麹チョコ（保存目安／冷蔵で７日）

● 材料（１人分）

ドライフルーツ（デーツ、イチジク、レーズンなど。あれば無添加のもの）…100g
塩麹…大さじ1
無調整豆乳…140㎖
ココアパウダー（無糖）…150g

● つくり方

1. ボウルに豆乳を入れ、ドライフルーツを浸して10〜15分間ふやかしておく。
2. 1にココアパウダーを加え、フードプロセッサーにかける。
3. 2に塩麹を加えてフードプロセッサーでさらに混ぜる。
4. ラップを敷いたバットに3を入れ、表面を押し固めるように平らにならして冷凍庫で１時間冷やし固める。
5. 包丁で食べやすい大きさにカットして、ココアパウダー（分量外）をまぶしていただく。

※フードプロセッサーがない場合は、最初にドライフルーツを包丁でみじん切りにしてから豆乳に浸す。
※固めた後の保存は冷蔵。

私のダイエット黒歴史

Vol. 2

お風呂を２時間占拠！
滝汗も効果はゼロ!?

ファストフード通いがやめられなかった高校時代、食べた物を帳消しにしたくて「お風呂サウナ」を始めました。熱いお湯に入り、浴槽のふたを半分閉めて、汗をダラダラかくんです。ひどいときにはマンガを持ち込んで、２時間もお風呂を占拠して、家族に「早く出なさい！」と怒られたほど。１回で体重が1kgくらい落ちるんですけど、発汗しただけなので、結局は食事をすれば元に戻ってしまう。「やった気」になっただけでしたね。この頃は思うように痩せられなかったことと、思春期ニキビがひどかったこともあり、いつもどこか自分に自信がもてない状態でした。

Chapter 2

食いしん坊でも
できる
ファスティング

HARAPETA

ファスティングの目的は「腸内環境のリセット」

麹生活を始めると腸内環境が整って、それだけで自然に痩せる方も少なくありません。ここで、さらにもう一歩！　お腹美人へと近づくために、私のプログラムではファスティングを取り入れています。ファスティング＝「食べないことで痩せる」というイメージをお持ちの方も多いのですが、じつはそうではありません。

ファスティングの大きな目的は、普段の食事によってつくられた「腸内環境」と、どうしても「やめられない食習慣」を、リセットすることにあります。

お腹はすいていないのに、ストレスや誘惑に負けて、食べ過ぎてしまうことはありませんか？　そんな誰にでもある「やめられない食習慣」を、ファスティングは強制的に一度リセット！　また、固形物を摂取しないことで、内臓を休ませる意味もあります。

ファスティング後に食事を再開したとき、まず感じられるのは**「味覚が鋭くなる感覚」**です。**お米や野菜そのものが美味しく感じられて、濃い味付けの物や甘い物が、以前ほど欲しくなくなります。**また、ファスティング直後は、食べたいと思っても、満腹になるまでは食べられないので、自分の「腹八分目」の感覚をつかむきっかけにもなります。

そして最も注目したいのは、**「腸内環境のリセット」**。ここが重要です。固形物を摂取しないでいると、食事から栄養を得ていた腸内の細菌群が、一時的にグンと減るんですね。善玉菌も、悪玉菌も、一旦リセットされたところで、毎日の食事同様に「麹」の出番です！　**固形物を食べない期間を終えて食事を再開するときに、麹を上手に取り入れると、善玉菌に優位な腸内環境に整いやすくなるというメリットがあります。**

ファスティングといっても、いきなり食事を断つわけではありませんから、安心してください。2日間かけて徐々に食事量を減らし、固形物を食べない期間は3日間。その間も、身体に必要なビタミンやミネラルは、ファスティングドリンクで補っていきます。その後は2日間の回復食を含めた合計5日間かけて、少しずつ普段の食事に戻していきます。

HARAPETA

ファスティングのスケジュールの上手な立て方

ファスティングを成功させるために、最も大切なことはスケジュールです。「明日から始めたい！」と思い立っても、いきなり始めてしまうと、身体がびっくりしてしまいます。ダイエット開始時はまず食で身体の基本を整えることが大切。そのうえで、ファスティングを始めるのは、**麹生活をスタートして3週間経ってから。**1カ月目の最終週あたりがベストなタイミングです。**外食の予定がない1週間をキープして、準備食に2日間、固形物を食べない3日間、そして回復食に2日間の、合計7日間で行います。**

準備食の2日間は、消化の負担を減らして空腹に慣れていく期間です。本番の3日間は固形物を口にせず、ファスティングドリンクのみで過ごします。そして回復食の2日間は、消化のよいおかゆと野菜中心に過ごし、その後に少しずつ食材を増やしていきます。**このように段階を経ることで、身体に負担をかけずに、腸内環境と食習慣をリセットします。**

ファスティング期間のスケジュールは、こうつくるとうまくいく！

ファスティングを取り入れるタイミング

麹生活開始から１カ月目の最終週、外食の予定がない１週間で実践！
２回目以降のファスティングは、１回目から１カ月以上あけること。

1. ファスティング前の準備食　２日間

消化に負担をかける食材を減らし、空腹に慣れていく期間。動物性たんぱく質や、アルコール、カフェイン、白砂糖などの摂取を一旦ストップし、午前中はファスティングドリンクのみで過ごす。昼と夜の食事は、腹八分目まで。

→詳細はP.50へ

2. ファスティング（固形物を食べない）３日間

３日目～５日目は、固形物を口にしない期間。身体に必要な最低限の栄養素を、ファスティングドリンクで摂取する。このドリンクや、ノンカフェインのハーブティーなど、水分は１日2ℓ以上摂取を。

→詳細はP.52へ

私が所属する「分子整合医学美容食育協会」推奨のドリンク。１本で約２日分。１回のファスティングで最低２本必要。MANA酵素 500mℓ

3. ファスティング後の回復食　２日間

おもゆから始めて、消化のよいおかゆとやわらかく煮た葉野菜を食べる期間。１日目は味付けをせず、２日目以降に塩麹を取り入れて。回復食後は、魚類や肉類など段階を踏んで普段の食事に戻していく。

→詳細はP.54へ

※ファスティングを避けたほうがよい場合…生理直前と生理期間中、妊娠中、授乳中、18歳以下の成長期。病気で通院中・服薬中の場合は、医師との相談が必要。

HARAPETA

準備食は内臓を休め、徐々に空腹に慣れていく

準備食の2日間は、**「避けるべき食材」**がいくつか出てきます。**「カフェイン」「アルコール」「小麦」「白砂糖」「乳製品」**。そして、肉や魚など、**「動物性たんぱく質」**です。内臓の負担を徐々に減らし、スムーズに固形物を食べない期間へと移行します。

午前中は固形物の摂取をやめ「ファスティングドリンク（P.49）」のみで過ごしましょう。昼と夜は、**避けるべき食材を抜いた食事を、腹八分目の量にとどめて。**具体的にはご飯と具だくさんのお味噌汁、野菜の煮物などです。野菜の中でも、めかぶ、もずく、納豆、とろろなど、ねばねばした水溶性食物繊維をとると、腸内の老廃物が排出されやすくなります。

ただ、動物性たんぱく質を摂取しないと、すぐにお腹がすいてきちゃうんです。**この空腹感に慣れていくことも、じつは大切なんですね。お肉やお魚が食べられない分、お豆腐などの植物性たんぱく質を積極的に食べましょう。**

準備食期間にお休みする食材

・カフェイン　・白砂糖
・アルコール　・乳製品
・小麦　・動物性たんぱく質（肉類・魚類）

準備食編

1日の食事スケジュール

朝食 … ファスティングドリンクのみで、空腹に慣れていく。

ドリンクの原液20mlを水かぬるま湯で割り、午前中いっぱいかけてゆっくり飲むと、血糖値が安定しやすくなる。

昼食
夕食 … いつもの食事量の腹八分目まで

野菜を中心に、豆類など「植物性たんぱく質」を積極的にとる。

・具だくさんのお味噌汁
・ひじきと大根の煮物
・めかぶ
・もずく
・納豆
・とろろ　など
＋味付けに塩麹を適宜活用！

ファスティング中の過ごし方

固形物を口にしない3日間の過ごし方で、大切なことがいくつかあります。まず「睡眠をしっかりとる」こと。心肺に負担をかける「過度な運動」「長風呂」を避けること。そして、「水分を1日2ℓ以上飲む」ことです。

身体に必要な最低限のエネルギーを補給するために、この期間は多種類の野菜や果物を発酵させたファスティングドリンクを摂取します。1日当たりドリンクの原液210〜300㎖を、水かぬるま湯で割って飲むんですね。私のおすすめは500㎖のペットボトルの水を4本用意する方法。1本につき酵素ドリンク60㎖を加え、1日かけて4本飲むと、自然に2ℓのお水が摂取できます。時間を分散して飲むことで、血糖値の安定にもつながります。ドリンク以外に、ノンカフェインのハーブティーなど水分は多めにとりましょう。

空腹感は、1日目が最も辛く感じるはずです。普段忙しく過ごしている方ほど、だるさや眠気が出やすいかもしれません。**私はいつも1日目を「お休みの日」に当てています。**昼寝したり、夜も早めに就寝して、普段頑張っている身体と内臓を休めてあげます。

2日目になると身体が慣れてきて、しっかり規定量のファスティングドリンクをとっていると、空腹感は軽減していきます。この日以降の過ごし方は、人それぞれ。講座の受講生は、エステやマッサージに出かけたり、趣味のガーデニングを楽しんだり。仕事をしているほうが「気が紛れる」という方もいます。

私のおすすめは「断捨離」です。「今日は引き出しひとつ分」と、範囲を決めて片づけると、お部屋もスッキリしますし、達成感もあるんですね。**いずれにしても、適度に身体を動かしながら、前向きな気持ちでいられる過ごし方がいい**と思います。

3日目になると身体が軽くなって、まだまだファスティングを続けられそうな気がしますが、無理は禁物！　回復食へと移行しましょう。ファスティング後は平均2〜3kgくらい体重が落ちますが、食事を再開すると1〜1・5kgくらい戻ります。これはリバウンドではなく、自然なことですから、心配しないでくださいね（詳しくはP．117へ）。

HARAPETA

回復食は「大人の離乳食」。少しずつ食材を増やす

回復食はとても重要です。**いきなり肉や脂っこい物を食べると、身体が受け付けない場合もあるので、**お腹の状態と相談しながら、少しずつ食材を増やしていきましょう。

最初に口にするのは、おかゆの上澄みにあたる「おもゆ」から。1日目は味付けをせず、おかゆと葉野菜をやわらかく煮た物を、素材の味を楽しみながらゆっくり召し上がってください。空腹を感じたら、食間にファスティングドリンクを飲みましょう。2日目までは基本的に、おかゆと野菜のみで過ごします。**2日目以降は、いよいよ「麹」の出番！味付けに塩麹を使って、腸内の善玉菌をサポートしていきましょう。**

3日目以降は、2日目までの食事にプラスして、植物性たんぱく質の豆類を解禁。4日目は動物性たんぱく質の魚類を解禁、5日目は肉類を解禁します。**赤ちゃんの離乳食と同じように、段階を踏んで食材を増やしていってくださいね。**

回復食編

1日目の食事

朝

おもゆ

おかゆの上澄みにあたる「おもゆ」を、お茶碗に1杯程度。1日目の回復食は味付けをせず、時間をかけてゆっくり噛んで食べる。

昼

おかゆ

具なしお味噌汁

きゅうり 1/4本
りんご 1/4個

やわらかなおかゆをお茶碗1杯と、具なしのお味噌汁。固形物が恋しくなったら、消化のよいきゅうりやりんごをよく噛んで食べる。

夕

おかゆ

野菜スープ
（出汁のみ）

ファスティングドリンク
60mℓを500mℓの水に入れて
空腹時に飲む

おかゆをお茶碗1杯、白菜などの葉野菜をやわらかく煮た物や、葉野菜のスープ。煮物やスープは味付けをせず出汁のみ使用。

2日目の食事

朝

おかゆ
（塩麹入り）

野菜スープ
（塩麹入り）

2日目の回復食から、塩麹で味付けをスタート。おかゆを炊くときや、野菜の煮物、スープに加えて、腸内環境をサポート！

昼

おかゆ
（塩麹入り）

野菜スープ
（塩麹入り）

おかゆに加え、スープの野菜の種類を少しずつ増やしていく。小松菜、ブロッコリー、玉ねぎなどを小さくカットして、やわらかく煮る。

夕

おかゆ
（塩麹入り）

野菜スープ
（塩麹入り）

味変化あり！

ファスティングドリンク
60mℓを500mℓの水に入れて
空腹時に飲む

おかゆに加え、昼間のスープをお味噌汁にするなど「味変」を楽しむ。味付けを始めると美味しく感じるけれど、食べる量は腹八分目に。

3日目の食事

解禁してよい食材

ご飯、豆腐、豆類、納豆、野菜

⚠注意！腹八分目まで

4日目の食事

解禁してよい食材

お魚（しらすなどの小さい魚から）

5日目の食事

解禁してよい食材

お肉（脂身は避けて赤身から）、卵

Point！お肉は塩麹に漬け込んでから調理すると消化の負担が減りますよ！

私のダイエット黒歴史

Vol.3

すぐに挫折した「1食置き換えダイエット」

大学に入って上京した頃、雑誌で「1食置き換えダイエット」の存在を知ったんです。広告に掲載されている人の「ビフォアとアフターがこんなに違う！」と、衝撃を受けました。当時は一人暮らしでしたから「1食つくらなくていいなら、私もラクじゃない!?」と、早速申し込んでみました。夕飯をシェイク状の飲み物に置き換えるんですが、これが、あまり美味しくなくて。飲んでいる間は痩せるけど、しばらくすると味に飽きてしまって、結局「やーめた」と挫折。友だちと夜にごはんを食べに行くのを我慢していたので、その後は反動で外食の機会が増え、結局リバウンドしていました。

Chapter
3

天然のコルセットをつくる!「おうち筋トレ」

HARAPETA

筋肉はお腹を支える「天然のコルセット」

麹生活に切り替えて、1回目のファスティングを終えると、身体が軽くなった感覚が出てくると思います。それは腸内環境がさらに改善し、内側からお腹美人に近づいた証拠！

その一方で、**「全体的に痩せてきた気がするけれど、お腹のぽっこり感が解消されない」**という方もいます。もともとたんぱく質があまり摂取できず、糖質が多い食事の方に見られる傾向かもしれません。また、40代以上の方からは**「痩せたらお腹の皮膚がたるんでしまった」**という声も……。

お腹をよりスッキリさせるなら、「外側からのアプローチ」がポイントになります。外側とはズバリ、お腹周りをぐるりと囲んでいる「お腹と背中の筋肉」！　**筋肉は、ぽっこりお腹を外側からしっかり支える「天然のコルセット」**になるため、筋トレを取り入れてあげましょう。筋トレというと、ハードなトレーニングを思い浮かべるかもしれませんが、私がおすすめする筋トレはとても簡単なので、ぜひ一緒にやっていきましょう。

まず準備として、**普段の「姿勢のクセ」**から見直していきます。姿勢の影響で、お腹の力を使えていない方が、とても多いように感じるからです。正しい姿勢で立つと、内臓も本来あるべき位置に戻りますし、お腹にクッと力が入ります。**この正しい姿勢が習慣になるだけでも、見た目が若々しくなり、肩こりや首こりが改善される効果もあるんですよ。**

次に意識を向けるのは、**「呼吸」**です。**呼吸は肋骨から恥骨にかけて、つまり「お腹周り全体の筋肉」に働きかけます。**運動では鍛えることができないインナーマッスルにアプローチできるのは、唯一呼吸だけ。呼吸は立派な「お腹の筋トレ」なんです。

この章では、正しい姿勢と呼吸法をベースに、「生活の中で取り入れられる、簡単なトレーニング」をご紹介していきます。キッチンに立つ、トイレに行くなど、**誰もが毎日行う動作の「ついで」に実践できるので、面倒くさがりな方も無理なく続けられる**はずです。

さらにもう一歩進んで、本気の「美腹ペタ」を目指したい方には、ピラティスの考え方にもとづいたトレーニングをご紹介しますね。ぜひチャレンジしてみてください！

HARAPETA

おうち筋トレの「基本の姿勢」をマスターしよう

日常生活の中で同じ姿勢を取り続けると、特定の筋肉だけを酷使します。現代人に多いのが、デスクワークで前屈みの姿勢を取り続けた結果、**「巻き肩」**や**「猫背」**になるケース。そのほか、腰の部分が後ろに傾いた「反り腰」の方も目立ちます。**いずれの姿勢も、腹筋が上手に使えておらず「ぽっこりお腹」の原因になります。**

みなさんの普段の姿勢はどうでしょうか？　まずは立ち姿勢のチェックからスタート！　足を肩幅に開き、背筋を伸ばして立った状態を、横から観察します。写真に撮ってみるのもいいですね。**耳、肩、骨盤の中央、くるぶしが一直線になるのが正しい「基本の姿勢」です。**骨盤の上に両手の親指と人さし指で、三角形をつくってみましょう。この三角形が、床に対して垂直になるように骨盤の位置を調整すると、自然とお腹に力が入ります。

座り姿勢の場合も同じです。背筋を伸ばし、骨盤を立てて浅めに座ったときに、耳、肩、骨盤の中央が一直線になるのが正しい座り姿勢。立ち姿勢と同じく、骨盤の上に親指と人さし指でつくった三角形が床と垂直になると、自然にお腹に力が入ります。

これからご紹介する呼吸やトレーニングの最初に、必ずこの基本の姿勢を取り、「お腹に力を入れて硬めた状態」で行ってください。さらに、日常生活で気づいたときに基本の姿勢を取ることで、お腹の筋肉が上手に使えるようになります。

まずは正しい姿勢が取れているかをチェック！

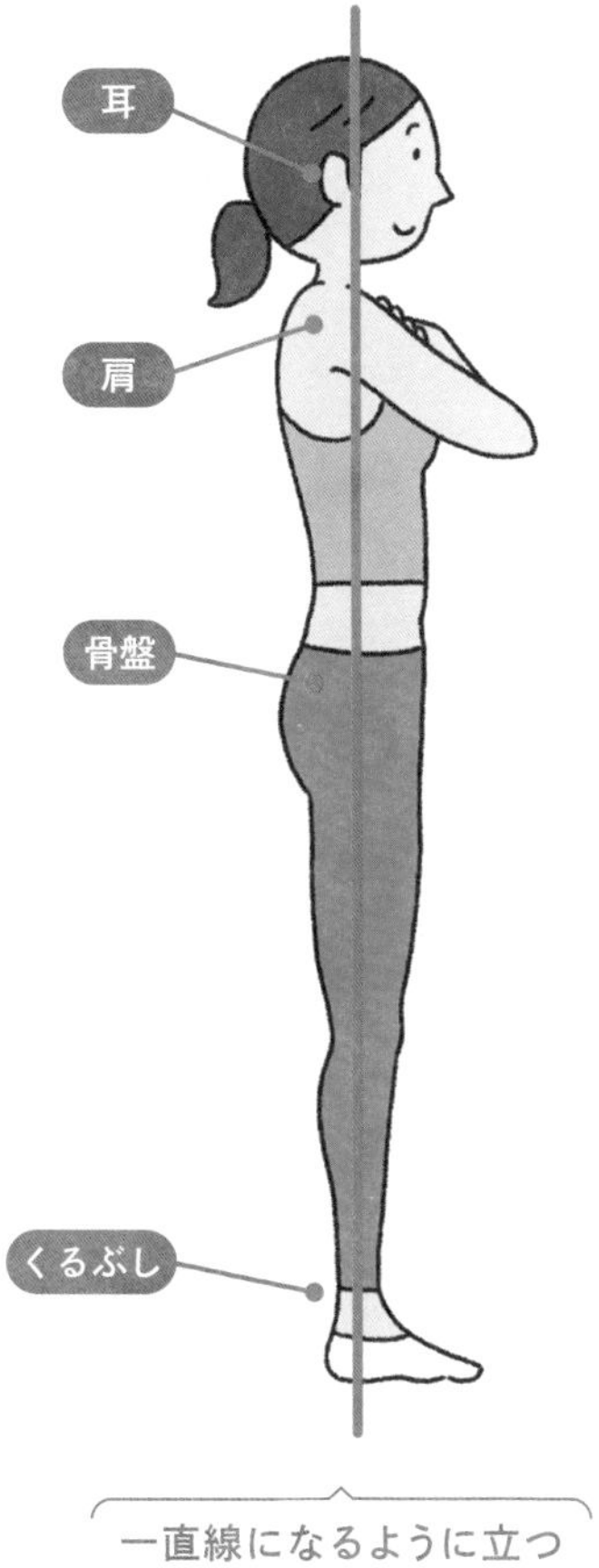

HARAPETA

「呼吸」も立派なお腹の筋トレ

現代人は呼吸が浅い人が多いといわれています。その理由は「猫背」や「反り腰」の姿勢になると、呼吸で取り入れた酸素の入るスペースが圧迫されて、深くまで呼吸が入りにくくなるためです。まずは正しい姿勢を取り、呼吸の入るスペースを確保しましょう！

正しい呼吸を繰り返すことで、お腹周りの深層にあるインナーマッスルまで鍛えることができます。具体的には、肋骨の下にある「横隔膜」、お腹をぐるりと囲んだ「腹横筋」、背骨を支えている「多裂筋」、骨盤を下からハンモックのように支えている「骨盤底筋」です。P．61の基本の姿勢で正しく呼吸すると、これらの筋肉を動かすことができます。

そして、**正しい呼吸を繰り返し行うことで、自然に「お腹周りの力」を使えるようになっていくんですね。**ダイエットを実施している3カ月の間は、ぜひ意識して正しい呼吸を取り入れてみてください。それだけでも、お腹がキュッと引き締まっていきますよ！

呼吸でお腹を凹ませて硬める！

基本の姿勢で鼻から息を吸ってお腹を膨らませたら、口から細く長く吐きます。息を吐ききると、お腹がクッと硬くなるのがわかるはず。お腹の状態を保ったまま、鼻から吸って今度は胸まで空気を入れ、口から吐く胸式呼吸を繰り返します。

座った場合

座っていても
お腹をペタンコに！

座り姿勢の場合も同じです。背筋をピンと伸ばし、フーッと息を吐ききって、お腹を硬めた状態で胸式呼吸を繰り返します。

立った場合

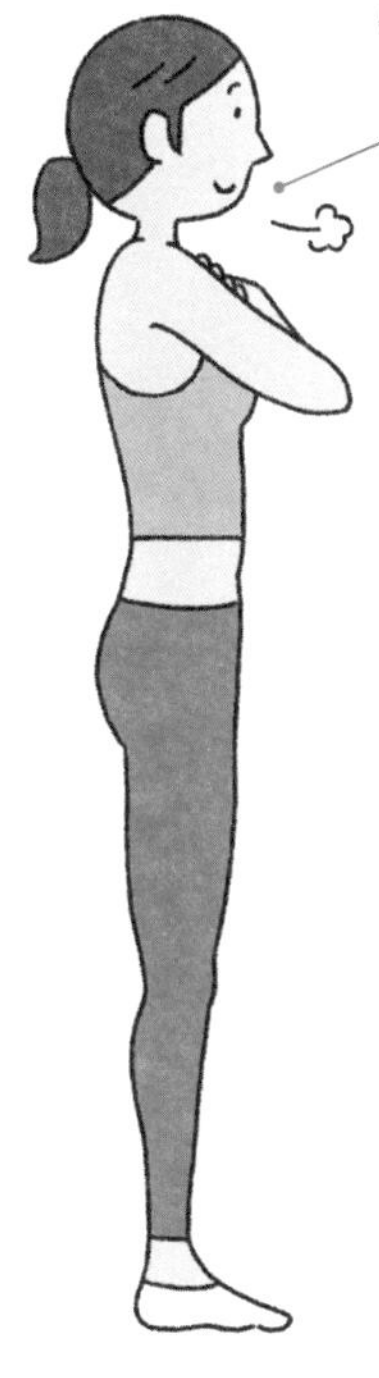
息を吐ききる
のがポイント！

最初の腹式呼吸で、フーッと息を吐ききると、骨盤の内側に力が入りお腹が硬まります。この状態を保ったまま、胸式呼吸に変え、息を吐くたびにお腹を薄くするイメージで！

デスクワークの合間に、ぽっこり下腹解消

座ったまま腹筋

オフィスやリビングなど「机と椅子」があるシーンでできる腹筋です。脚の力ではなく「お腹の力」で脚を上げ下げすることで、下腹部のぽっこり感を引き締めます。

1.

骨盤を立たせて、基本の座り姿勢に

背もたれに寄りかからずに、背筋を伸ばして腰かける。横から見たとき、耳、肩、骨盤の中央が一直線になるのが正しい姿勢。手は机に添え、太ももと膝はくっつけて。鼻から息を吸い、口から吐ききって、お腹に力を入れる。

2.

お腹の力を使って、脚を上げ下げ

お腹に力を入れた状態で、息を吐きながらゆっくり脚を上げ、吸いながらゆっくり戻す。足裏は床につかず、お腹の力で上げ下げするのがポイント。この動作を5回繰り返す。

トイレ後の習慣に。お尻と太ももをキュッ！

股関節スクワット

トイレの個室で実践できる、腰を後方に引くスクワット。トイレに行くたびにこのスクワットを習慣にすると、お腹だけでなく、太もも、お尻までも、キュキュッと引き締まります！

1.

足を肩幅に開き、脚の付け根に手を添える

足を肩幅に開き、かかと、腰、二の腕、耳が一直線になる「基本の姿勢」で立つ。お腹に力を入れた状態で、イラストのように手を脚の付け根（そけい部）に添える。

2.

腰を後方にスライドさせる

1の姿勢からお尻を後方にスライドさせ、その後基本の姿勢に戻る。この動作を5回繰り返して。普段使わない太ももの裏の筋肉と、お尻の筋肉がピンと伸びて、反り腰の改善にも効果的！

キッチンで、背中＆二の腕を引き締め！

ドアノブ回し

キッチンやリビングなど、いつでもどこでも取り入れられる「ドアノブ回し」。肩甲骨から背中全体をゆるめ、巻き肩や肩こりの改善にも効果的。二の腕までもキュッと引き締まります。

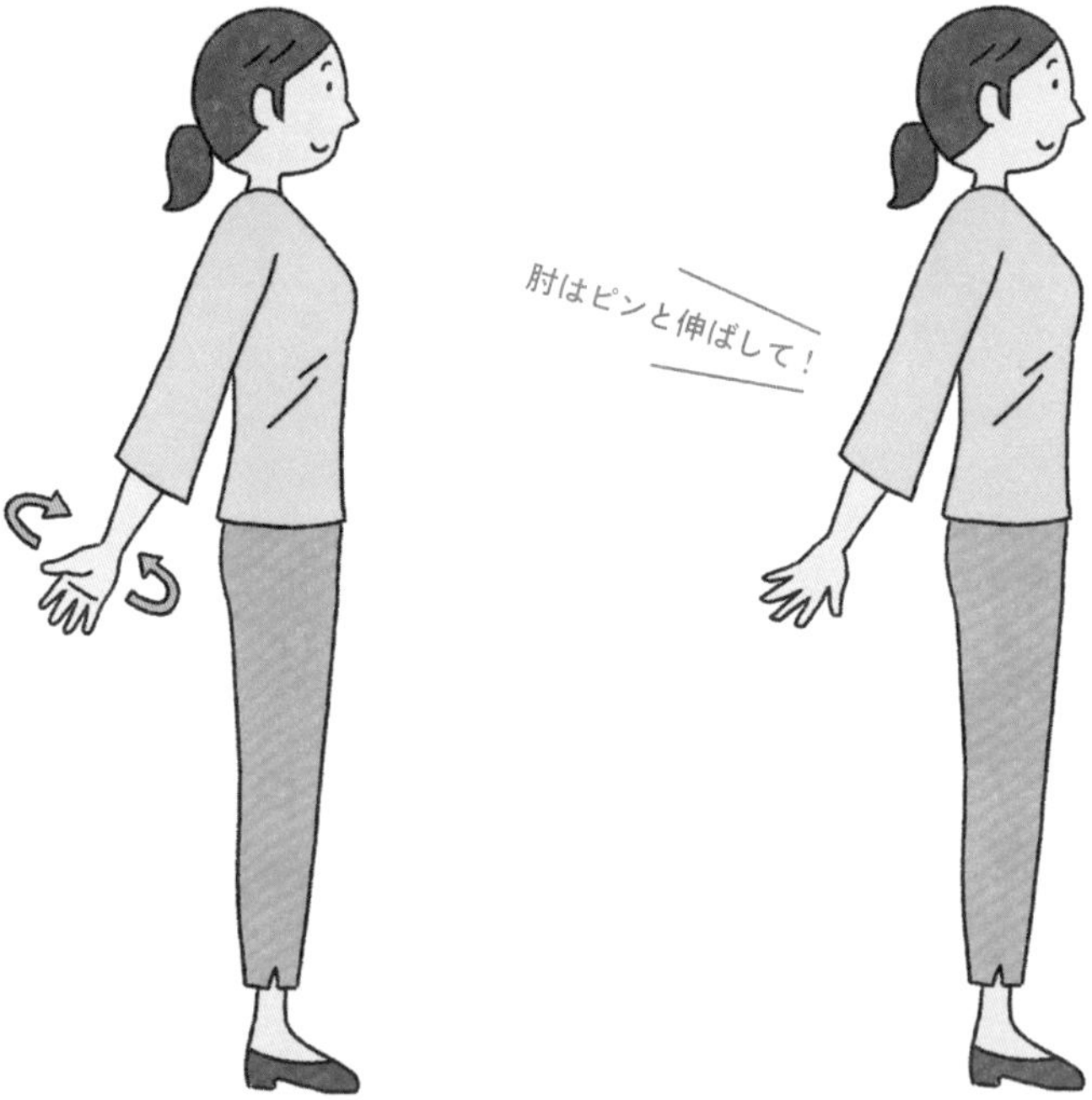

1.

基本の姿勢から、腕を後ろに伸ばす

立っても座っても実践できるトレーニング。どちらの場合も、最初に基本の姿勢（P.61）を取り、お腹に力を入れる。肘を伸ばしたまま、無理のないところまで後方に腕を上げる。

2.

ドアノブを回すイメージで、手首を回転

肩甲骨と二の腕の筋肉を意識しながら、ドアノブを回すようなイメージで、手首から先を左右にくるくると10回転。気づいたときにこの動作を取り入れると、肩こりもラクに！

隙間時間に、肩甲骨と腕の付け根をゆるめる

肩・肩甲骨ほぐし

リビングやキッチンで、隙間時間にできる「肩・肩甲骨ほぐし」。こわばった肩甲骨と、腕の付け根をほぐしてあげましょう。負荷をかけたい人は、筋トレ用の円周70～80cm程度のゴムバンドを両手首に通してトライ！

1.

基本の姿勢で立ち、肘を直角に曲げる

基本の姿勢（P.61）を取ったら、肘を90度前方向に曲げる。脇を締め、肘は身体の脇にピタッと添わせて。この姿勢で基本の呼吸（P.63）を行い、お腹に力を入れる。

2.

肘を脇に付けたまま両手を水平に開く

肘を脇に付けたまま、肘から手のひらまでを横方向に開く。腕は下げずに、水平に保つのがポイント。肩甲骨を寄せることと、腕の付け根の動きを意識しながら、10回繰り返す。

下腹中心に、お腹全体を引き締める！

トゥータッチ

下腹部を中心に、インナーマッスルまで含めた「お腹全体の筋肉」を引き締める「トゥータッチ」。脚の力や反動を使わずに、「お腹の力」でゆっくり上げ下げするのがポイントです。

1. 仰向けに寝て、膝を直角に持ち上げる

骨盤と床が平行になるように、仰向けに寝る。肩甲骨は床につけ、肩甲骨からお尻の間に少しだけ空間ができるのが正しいスタート姿勢。この姿勢で脚を持ち上げ、膝を直角に曲げる。

腰が浮き過ぎないように注意！

2. お腹の力で脚を下ろし、つま先で床をタッチ

お腹の空気を吐き切って下腹部が硬い状態でゆっくり息を吐きながら脚を下ろし、つま先だけ床にタッチ！ ゆっくり息を吸いながら、元の位置に戻す。この動作を8回繰り返し、1分ほど休憩したら、もう8回行う。

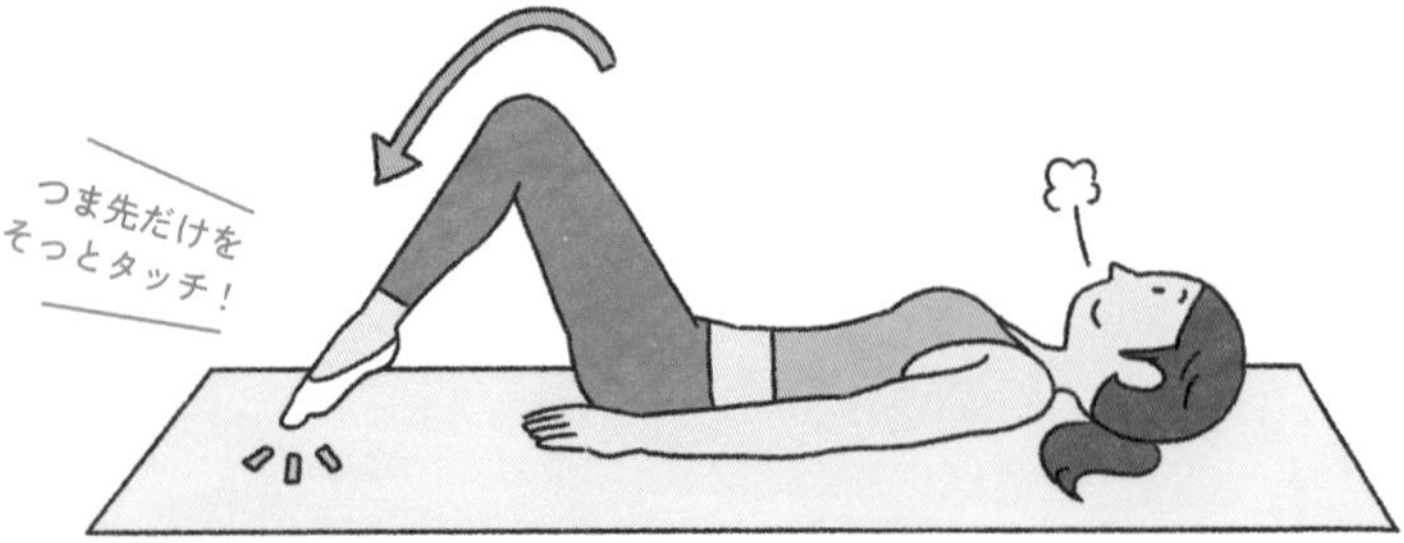

もたつくウエストを、スッキリ！

脇腹ひねり

特に「ウエスト」周囲に効果的な、ひねりを入れたトレーニングです。上体は動かさず、腹筋を使って、下半身を倒すのがポイント。パンツやスカートにのりがちなハミ肉もスッキリ解消！

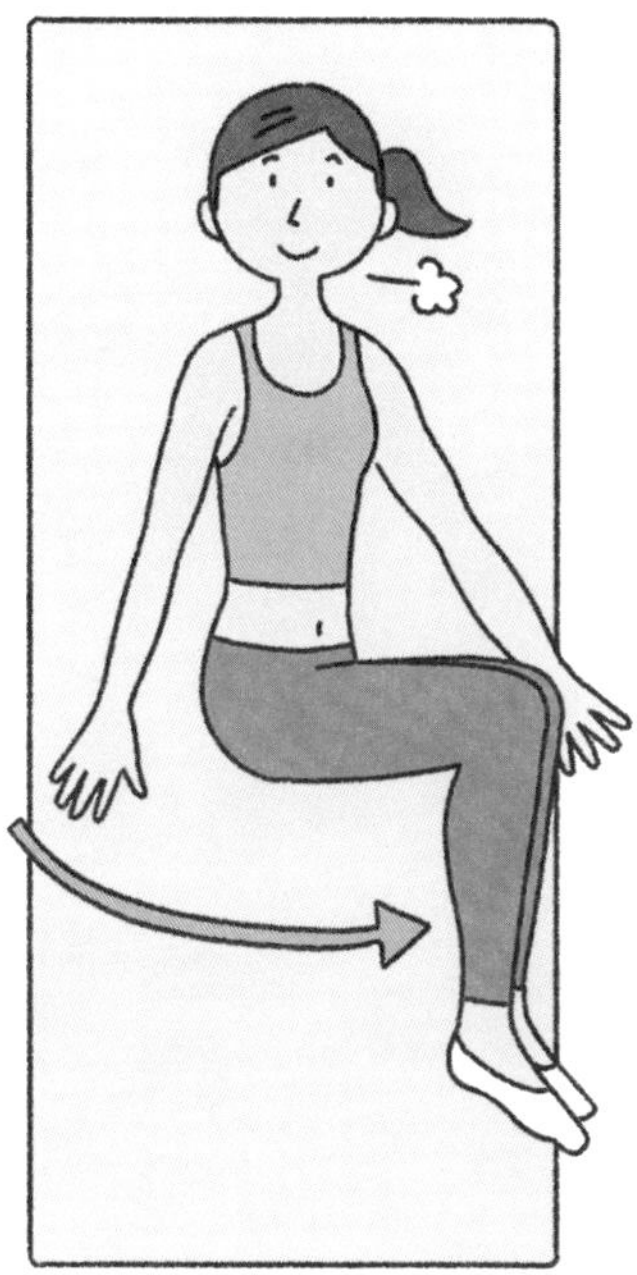

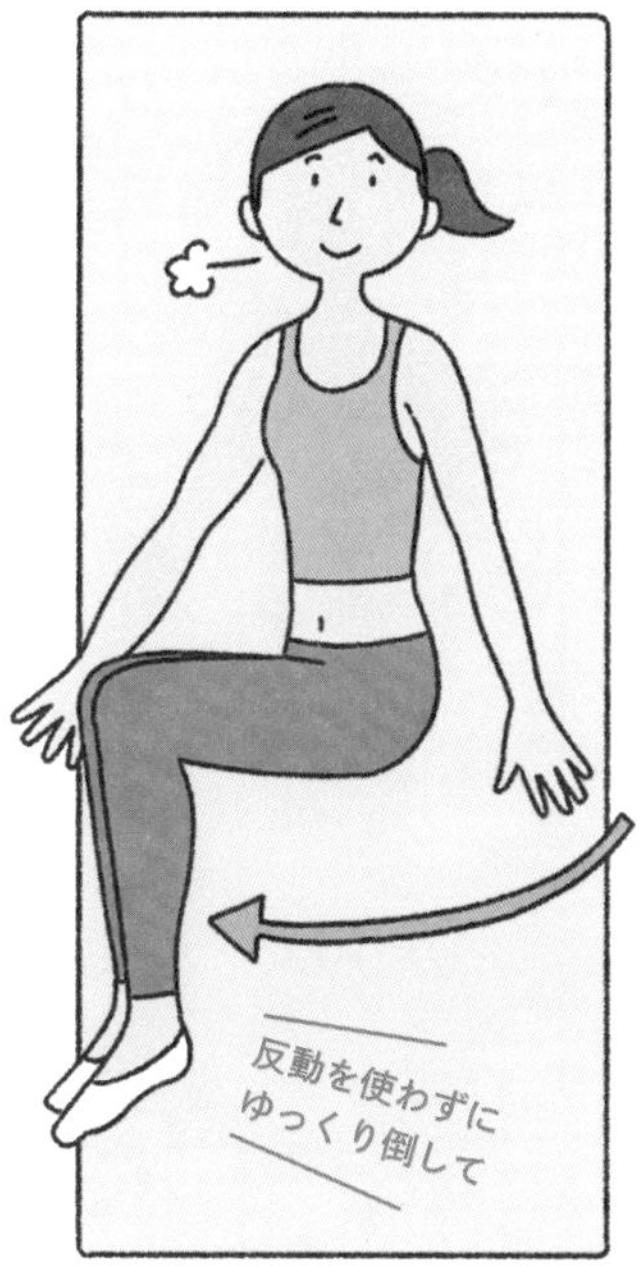

1.

仰向けに寝て足を持ち上げ、下半身を横に倒す

P.68の *1* と同じく仰向けに寝て脚を持ち上げ、膝を直角に曲げる。上半身はそのまま動かさず、息を吐きながら脇腹をひねり膝を横に倒す。パタンと倒さず、4秒かけてゆっくり倒そう。

2.

一度中央に戻し、今度は反対側に倒す

息を吸いながら4秒かけて膝をゆっくり中央に戻す。中央に戻したら、息を吐きながら今度は反対側に脇腹をひねり、同じように膝を倒す。この動作を、左右8回繰り返す。

背中全体をゆるめると、呼吸もラクに！

肩・肩甲骨ぐるぐる回し

こり固まった肩甲骨や背骨周りをほぐすトレーニングです。同時に胸を開くので、呼吸がラクになる効果も。深い呼吸を繰り返すことで、お腹の力を正しく使えるようになります。

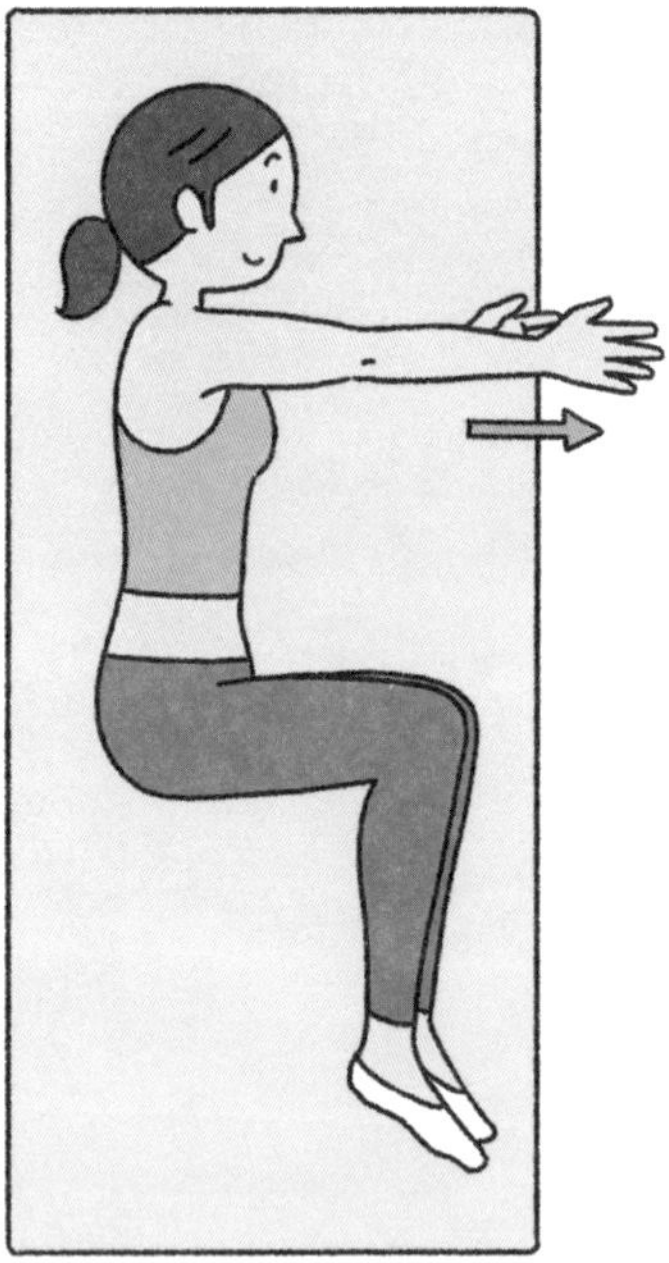

1.

横向きに寝て、手のひらを重ね合わせる

横向きに寝た姿勢で、膝を直角に曲げる。両手を重ね合わせたら、息を吸いながら、上になったほうの手を、手のひら１枚分前方向にスライドさせる。

2.

肩の付け根から、後方にぐるりと腕を回す

息を吐きながら、スライドした手を肩の付け根から後方に回転させる。手はお尻の横を通り *1* の姿勢に戻る。８回転させたら、身体の向きを変えて、今度は反対側の手を８回転。この動きを２セット繰り返す。

背骨と肩甲骨を伸ばして、姿勢を改善

スワンポーズ

肩甲骨や、背骨を支える筋肉をほぐすトレーニングです。上体を起こすときは、腕の力ではなく背中の筋肉を使うのがポイント。姿勢を改善し、お腹の力が自然に使えるようになります。

1.

うつぶせに寝て、手をバストトップの外側に添える

うつぶせに寝たら、バストトップの外側の位置に手を添えて、手のひらで床を支える。顔を正面に向けたら、そのままゆっくりと肘を伸ばし、上体を起こしていく。

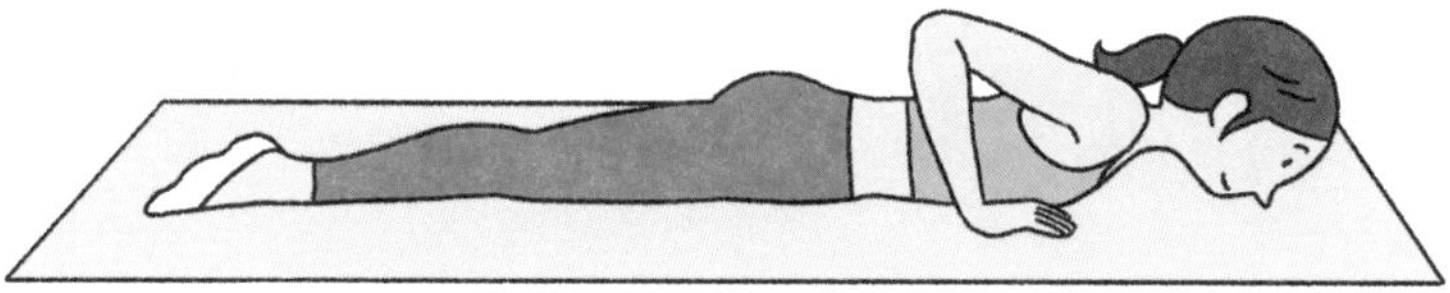

2.

背中の力を使って、上体を起こす

腕の力ではなく、背中の力を使って上体を起こすのがコツ。首を伸ばして正面を向き、鼻先で「1」の字を描くイメージでまっすぐ上体を起こそう。この動きを、8回×2セット繰り返す。

私のダイエット黒歴史

Vol. 4

パンとデトックス茶で、腸内環境が最悪に!?

高校以来、常に痩せたかった一方で、どうしてもパンがやめられなかった私。シナモンロールとか、チーズ入りの高カロリーなパンが好きで、大学時代の朝食は毎日甘いパンでした。昼は学食で炭水化物多めの定食、夜はときどき１食置き換えのシェイク……と、こんな食生活じゃ痩せっこありませんよね。それでも「食べた分は排出しなきゃ！」と、デトックス茶に手を出してみたんです。当時はセンナ茶が流行っていて、ときどき効き過ぎて、お腹を壊すほど。腸内細菌は出ちゃうわ、悪玉菌のエサになりやすいパンばかり食べるわで、当時の腸内環境は最悪だったと思います。

Chapter 4

じっくり解説！
太るメカニズム・
痩せるメカニズム

血糖値とおデブの関係

本章では、ダイエットをスムーズに進めるための必須知識「太るメカニズム」と「痩せるメカニズム」から、まずはお伝えしていきましょう。

私たちは、身体に脂肪がついてどんどん肥大化してしまうのは、「たくさん食べてしまうから」といった、漠然としたイメージをもっているのではないでしょうか。それも完全に間違いではありませんが、もう少し正確にいうと「血糖値が急激に上がる食事をするから」になります。

つまり、「身体に脂肪がつく引き金になっているのは、血糖値」だということ。

血糖値が上がるたびに「脂肪を溜めろ！」という体内のスイッチがオンになり、どんどん体重が増えてしまう――これが、「太るメカニズム」です。

それはいったいなぜなのでしょうか？　次から一緒にみていきましょう。

血糖値とは、その名の通り、血液中に含まれるブドウ糖の濃度を示す数値のこと。食後は食べ物に含まれる炭水化物（糖質）が分解されて血中に流れ込み、血糖値が上昇します。このとき、血糖値を下げるためにすい臓から分泌されるのが「インスリン」というホルモン。インスリンが働くことで、血中のブドウ糖がかき集められ、細胞内に脂肪として取り込まれ、血糖値は下がる……という仕組みになっています。

何となく嫌な予感がしてきましたよね……。

まさに、この細胞内にブドウ糖が取り込まれたときこそが、私たちの大敵である、脂肪が増える瞬間なのです。整理すると、次の通りです。

食べる↓血糖値が上がる↓インスリンが分泌される↓細胞が使いきれなかった糖を脂肪として取り込む↓太る！

これこそが「太るメカニズム」の正体です。そのため、インスリンは「肥満ホルモン」**とも呼ばれています。**

そうはいっても、食べるたびに血糖値が上がって太るわけではありません。細胞に取り込まれた脂肪がエネルギーとして消費されてしまえば、肥満になることはないからです。問題になるのは、細胞内の脂肪が消費されるヒマもなく、次から次へと新しい脂肪がとり込まれてしまうときだけ！　それは、次のような食事をしたときに起こりやすくなります。

●一日中、ダラダラと食べ物をとり続けたとき

すでに細胞内に取り込まれた脂肪がエネルギーとして使われるヒマもなく次々と食べていると、そのたびにインスリンが分泌されて「脂肪を溜める反応」が起こり、細胞の中に脂肪がパンパンに詰め込まれてしまうことに……。

●食べ過ぎたとき

食べる量が多ければ、それだけインスリンも大量に分泌されます。その分、細胞への脂肪の取り込みも増えてしまうのです。

●血糖値が上がりやすい食事をしたとき

砂糖たっぷりのスイーツや、パンやラーメン、パスタ、ご飯多めの丼物など、食物繊維が少なく炭水化物（糖質）がメインの食事は急激に血糖値が上がるため、インスリンもドバドバ分泌されます。

こうした食事が習慣になると、**肥満ホルモンが「脂肪を溜めろ！」という指令を毎日、何度も出し続けることになり、脂肪が増えて立派なおデブに……という恐ろしい事態に陥ってしまうのです。**

でも心配することはありません。これは、逆に言えば「血糖値を上げにくい食事や食べ方に変えれば、肥満スイッチが入らないので脂肪は増えない！」ともいえるのですから。脂肪の取り込みが少なくなれば、身体は自然と痩せていく、というわけです。

では、**血糖値を上げないためには何が重要かというと、食べ過ぎないことはもちろん、「腸を元気にして腸内細菌の働きを活性化させること」と、「腸や筋肉の材料となるたんぱく質をしっかりとること」がカギとなります。**

まさに、本書の核ともいえる「痩せる食事の法則」は、これが土台になっています。

HARAPETA

腹ペタダイエットの基本！痩せる食事の法則

なぜ、腸を元気にしてたんぱく質をとると、血糖値が上がらなくなるのでしょうか？それには、身体の代謝が関係しています。

私たちは、腸が元気に働いてくれることで、必要な栄養を消化・吸収・分解したり、不必要なものをスムーズに排泄したりすることができています。そして、昨今の研究では腸内細菌が血糖値コントロールを健全にして、肥満を改善・予防することもわかってきました。代謝を活発にして痩せやすい身体に整えてくれるのが、腸内細菌というわけです。腸内細菌を元気にするためには、発酵食品や食物繊維が有効であることは、みなさんもよくご存じでしょう。整腸作用のある食べ物は、「天然の痩せ薬」ともいえるのです。

そして、血糖値を上げない身体づくりには、腸や筋肉の主材料であるたんぱく質が必須！　筋肉量が多いほどエネルギー消費は高くなるため、血糖値の抑制につながります。

このほかにも、腸を元気にして痩せ体質をつくるための大切なポイントを、「痩せる食事の法則」として次にまとめたので、覚えておいてくださいね。

痩せる食事の法則

1. 腸を元気にする「発酵食品（麹）・食物繊維」をとる

2. 腸や筋肉の材料となる「たんぱく質」をとる

3. 腸に悪いもの「化学調味料たっぷりの加工食品・調味料・過度な塩分」は避ける

4. ときには腸リセットのために食べることを休む「ファスティング」を行う

5. 腸に負担をかけ、血糖値を上げる「食べ過ぎ」を避ける

6. 腸に負担をかける「グルテン・カゼイン・カフェイン・アルコール」と距離をとる

7. 食べ過ぎや胃腸の不調につながる「ストレス食い」を放置しない！

HARAPETA

痩せる食材の合言葉は「まごにわやさしい生発酵ごはん」

痩せる身体づくりには、腸内細菌と筋肉を育てることが大切だということが、ここまでのお話でおわかりいただけたと思います。では、「具体的にどんなものを日々、食べればよいのか?」をわかりやすく合言葉にしたのが「まごにわやさしい生発酵ごはん」です。

「まごわやさしい」は、みなさんも耳にしたことがあるでしょう。7つの食材の最初の一文字を並べた造語で、栄養バランスのよい食事をとるための指針としてよく使われていますね。私がこれを「腸の働きを活性化して、痩せやすい身体をつくる食事」の指針として、アレンジしたのが「まごにわやさしい生酵素ごはん」なんです。

この言葉に含まれる食材を毎日の食事にできる限り取り入れることで、痩せやすい身体に必要な発酵食品、食物繊維、たんぱく質はもちろん、それらの働きを後押しするビタミンやミネラルも十分にとることができるはずです。

次ページから紹介するそれぞれの食材を、ぜひ毎日の食卓に並べていきましょう。

のぞみ流
「まごにわやさしい生発酵」食材を覚えておこう！

ま

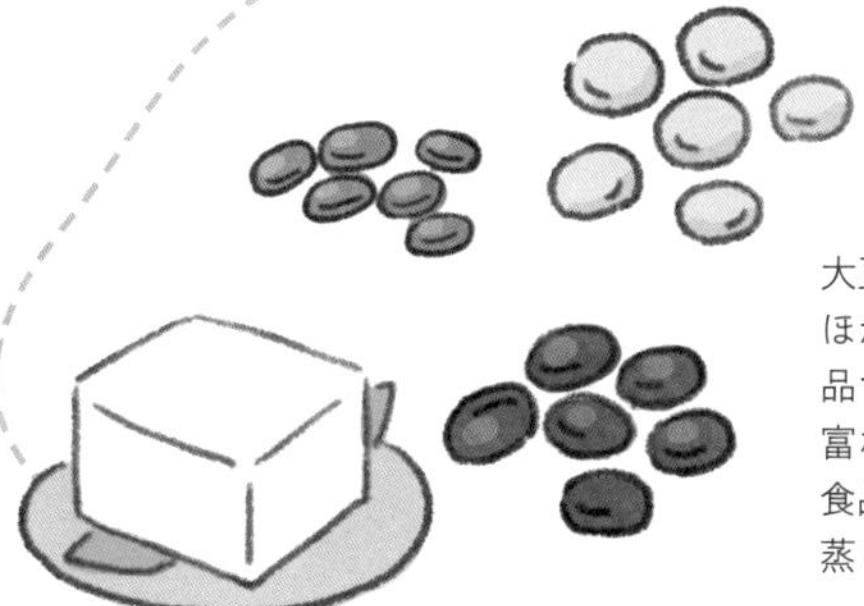

大豆、小豆などの豆類、豆腐、豆乳など豆製品

大豆や黒豆、小豆、ひよこ豆、えんどう豆のほか、豆腐や味噌、無調整豆乳などの大豆製品でもOK。豆はたんぱく質、食物繊維が豊富なうえ、ビタミン・ミネラルリッチな健康食品の代表格。毎日のおかずに取り入れたり、蒸し豆や煮豆などをオヤツにしても。

ご

ごま、すりごま、ナッツ類、栗、銀杏など

ごま、ピーナツ、アーモンド、クルミ、ピスタチオ、栗、銀杏などの種実類は、良質な脂質や食物繊維が豊富。サラダのトッピングや、タレやドレッシングのアクセントにするなど、料理にどんどんプラスを！　ナッツ類は満腹感のあるオヤツとしてもおすすめ。

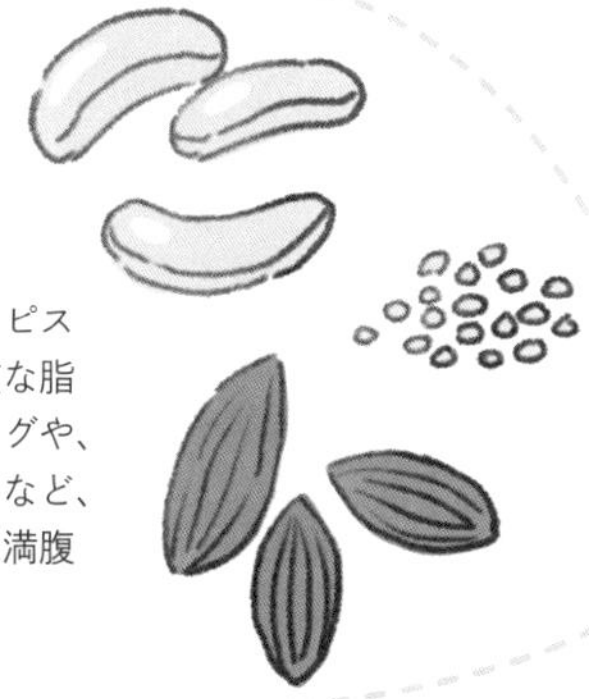

に

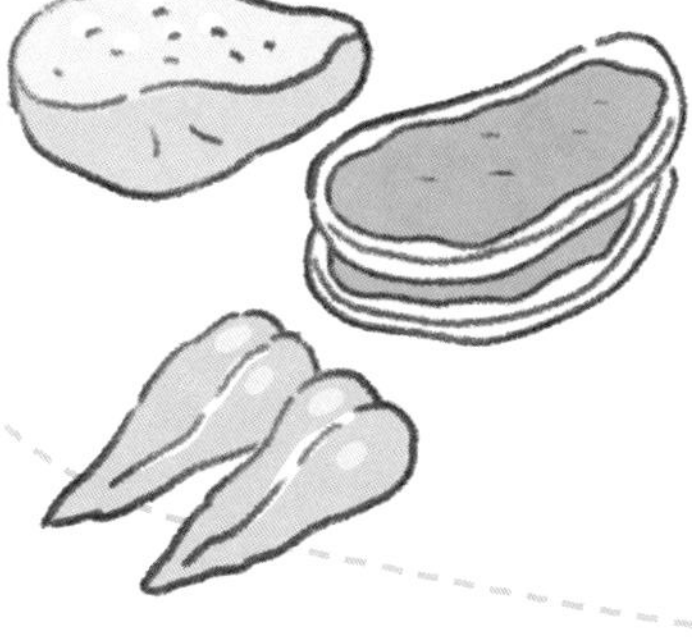

豚や牛の赤身肉、鶏肉など低脂質なお肉

脂質がなるべく少ないロースやヒレなどの赤身肉や鶏むね肉、ささ身などは頼れるたんぱく源。鶏もも肉もOKだができれば皮を取って。調理前に麹に漬け込むことで消化がよくなり、たんぱく質の吸収もアップするので、最低20分は麹に漬け込む時間の確保を。

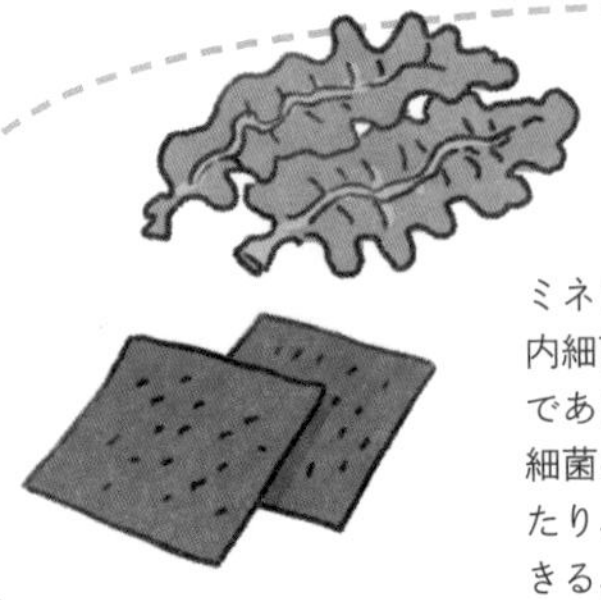

わ

わかめ、こんぶ、もずく、のりなどの海藻類

ミネラルと食物繊維たっぷりの海藻類は、腸内細菌の大好物！　海藻類のネバネバのもとである多糖類の一種「フコイダン」は、腸内細菌のバランスを調整して腸内環境をよくしたり、胃粘膜を保護したりする効果も期待できる、天然の胃腸薬。

や

色と種類をできるだけ取り混ぜた野菜

ミネラル、ビタミン、食物繊維のほか、色のもとである抗酸化物質「ポリフェノール」が豊富な野菜は、できるだけ色や種類を数多く取りたい。白・赤・黄緑の多種類の野菜を、主菜、副菜、汁物に可能な限りプラスして。

さ

季節ごとの旬の魚とエビ、イカ、貝類など

良質なたんぱく質と脂質が豊富な魚介類は、週の半分はメインのたんぱく源として食卓に登場させて。魚介類は低カロリーなので、ダイエット中のメインのたんぱく源にもおすすめ。お肉と同様、調理前に塩麹をまぶしておくことで、消化・吸収力がアップ！

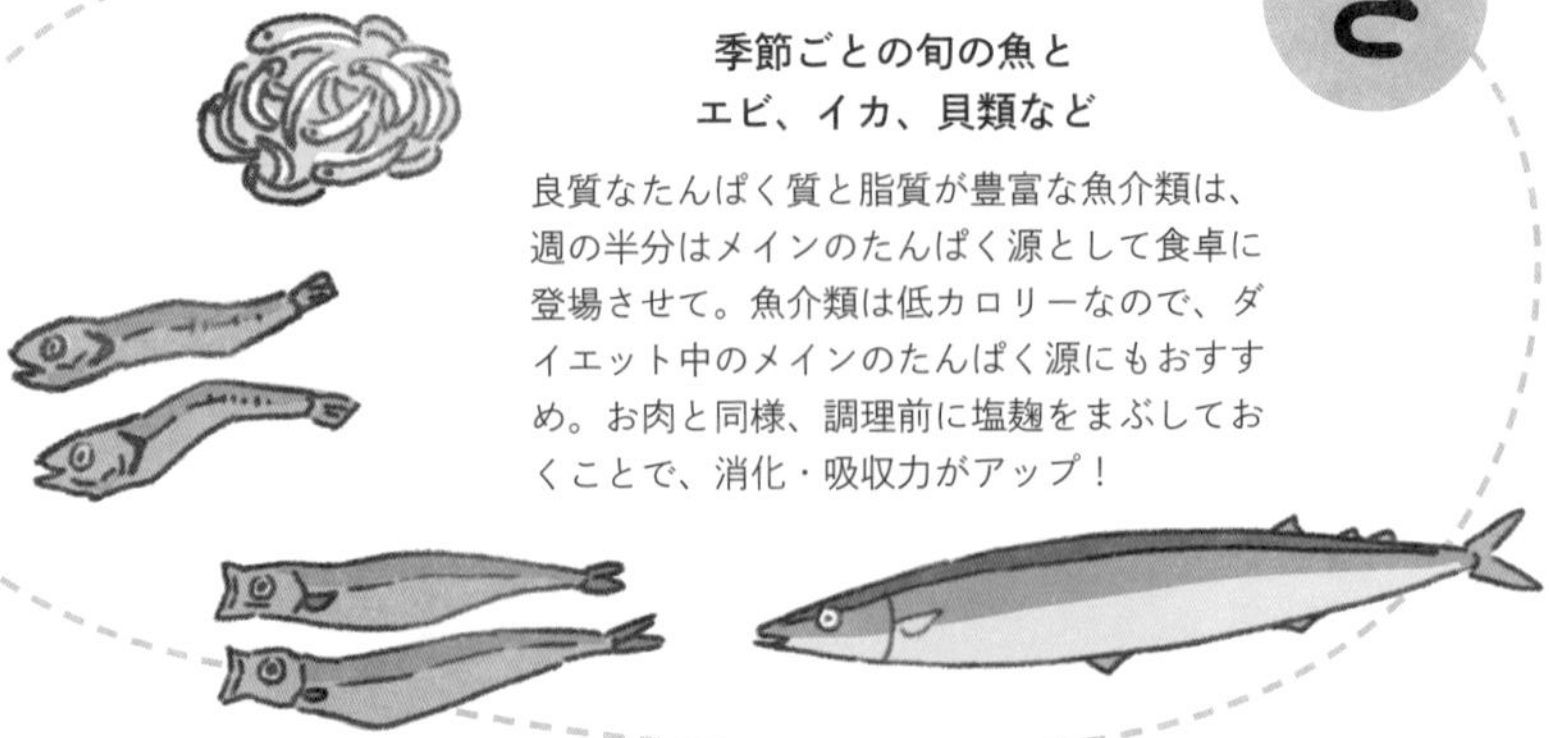

し

しいたけ、しめじ、えのきなどのきのこ類

きのこに豊富な食物繊維の一種「βグルカン」は、血糖値を抑えたり、腸内細菌に働きかけて免疫力を高めることでも有名！　旨み成分「グルタミン酸」「グアニル酸」がともに豊富なので、その相乗効果で料理を一味も二味もランクアップしてくれるのもうれしい。

い

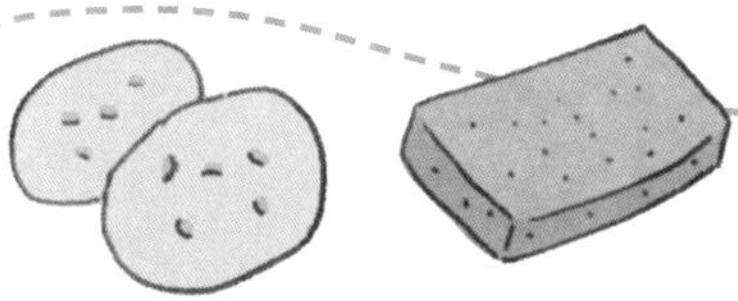

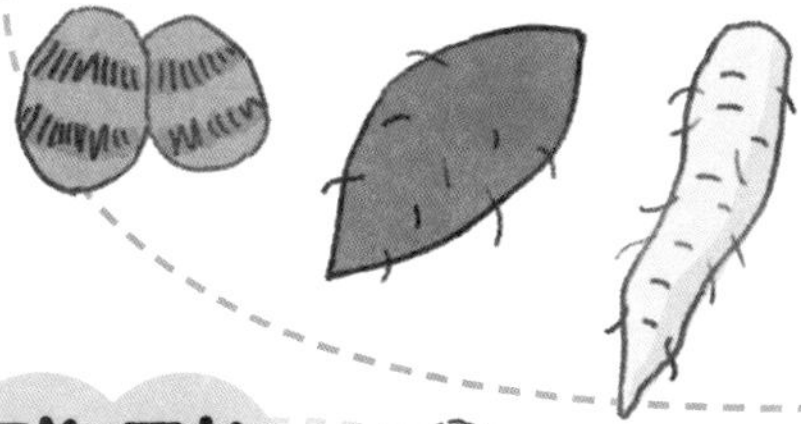

じゃがいも、さつまいも、さといもなどのいも類

多種多様ないものほか、こんにゃくも仲間なのでお忘れなく！　いも類には食物繊維のほか、オリゴ糖も豊富で、腸内細菌を元気にするエサになるため、高い整腸効果が期待できる。ただし、糖質は多めなので、食べ過ぎに注意。

発酵

麹やしょうゆ、生味噌、納豆、ぬか漬けなど

発酵食品は、腸内環境をよくする特効薬。毎日、毎食、無理なく発酵食品をとるためにおすすめなのが、麹や味噌、しょうゆなどの発酵調味料を上手に取り入れる方法。料理が美味しくなるうえ、腹ペタを強力にサポート！　そのほか、納豆やキムチもぜひ取り入れて。

生

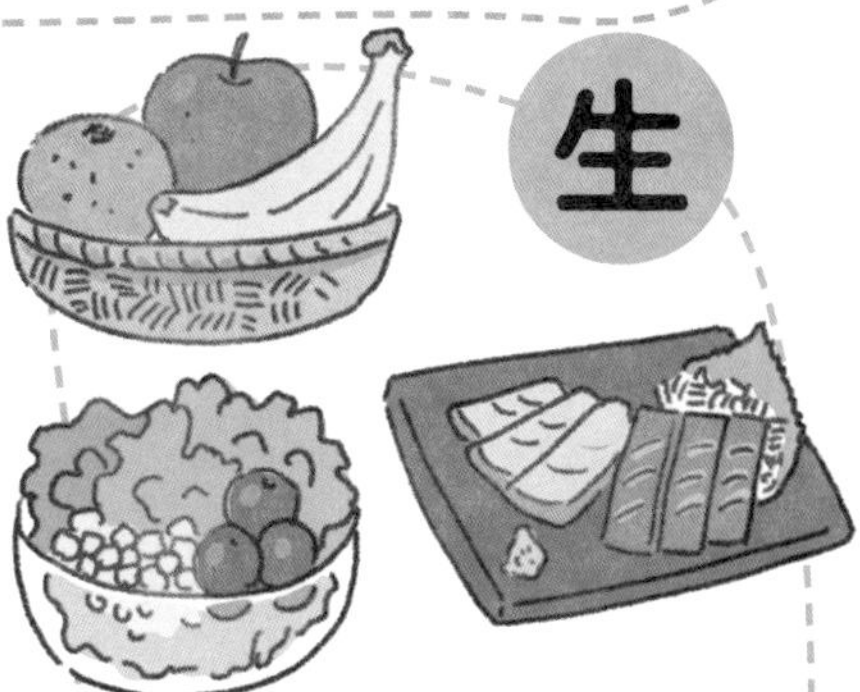

生野菜や果物、お刺身など生で食べるもの

体内で消化を助ける「食物酵素」は火を通すと不活性化してしまうため、生の食べ物から積極的にとって。生野菜やお刺身、果物をそのまま食べるほか、肉や魚のトッピングとして大根おろしをかけたり、塩麹を加熱せずドレッシングに混ぜたりするのもおすすめ。

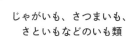

HARAPETA

痩せる食事量の目安とタイミング

次に、どれぐらいの量を目安に、どんなタイミングで食べればよいのかについて、お伝えしていきましょう。

「脂肪を増やさないためには血糖値を上げないことが重要！」というのは、すでにお伝えした通りです。そして、血糖値をムダに上げてしまうのは、「食べ過ぎたとき」と「一日中ダラダラ食べたとき」でしたね。

つまり、**食べるタイミングについては「本当にお腹がすいたとき」、量については「腹八分目で箸を置く」が正解です。**

ファスティング期間以外は、朝昼夜と1日3回食べても問題ありませんが、問題なのは「お腹がすいてないのに、時間がきたから食べる」ことが習慣になっているケースです。

実際に、「時間がきたから食べる」「何となく口さみしいから食べる」という人は少なくないのですが、これこそまさに、P．76でお伝えした「細胞内に糖や脂肪が残っているのに食べて、さらにそこに食べた物が詰め込まれる状態」の元凶です。

こうした食べ方を習慣にしていると、徐々に食べる行為と空腹感が切り離されてしまいます。ダラダラと常に口に食べ物を運ぶようになり、一日中血糖値が上がってインスリンが分泌される……という繰り返しに。こうなると、おデブへ一直線！　です。

食事は「適度な空腹を感じてから」と自分との合言葉を決めておきましょう。


食べ過ぎに関しては、大きな要因のひとつに「早食い」があります。噛まずに急いで食べると、満腹感を得る前にたくさん食べてしまいがち。最低でも食事はスタートから終わりまで20分間はかけることをおすすめします。そして、もうひとつ、私は「あとひと口で腹八分目だな」という感覚を常に意識するようにしています。すると、食べ過ぎにストップがかけやすくなるんです。

この感覚が「よくわからないんです……」という人が少なくないのですが、そういう人こそ、一度ファスティングを経験してもらいたいと思います。ファスティングの後は、胃腸がリセットされて食に対する様々な感覚が鋭敏になるため、自然に「マインドフルネスな食事」に意識が切り替わる、とてもよいきっかけになるからです。


マインドフルネスとは、「今、この瞬間に意識を集中した状態」のこと。つまり、マインドフルネスな食事というのは、自分の身体が今、どれぐらいの食事の量や栄養を必要としているか、自分は今、何をどれぐらい食べているのかに対して、クリアな意識がもてるようになるということです。

食べる前には、「本当にお腹がすいているのかな?」と自分のお腹の具合に集中できれば、本当は喉が渇いているだけだったり、イライラを解消したいだけだったり……といったことに気が付けるようになります。食事中も、自分が口に入れている食べ物の味や歯ごたえ、量に対して、はっきりと意識できるため、早食いや食べ過ぎに陥ることもなくなります。

私はファスティングを始めてから、明らかにストレスによる過食がなくなり、身体によい量が心地よくなり、身体によい食べ物が美味しいと感じるようになりました。食べる量のコントロールが難しい人は、ファスティングが改善のよいきっかけになると思います。

次に、「腹八分目」の中身……「どんな栄養をどれぐらいとればよいのか?」について、掘り下げてみましょう。

太らない栄養バランスの目安については、「PFCバランス」を基本に考えると、必要な栄養をとり、健康的に脂肪だけが落ちる食事に整えることができます。Pは「Protein(たんぱく質)」、Fは「Fat(脂質)」、Cは「Carbohydrate(炭水化物)」のことで、身体を動かすエネルギー源となる三大栄養素のことです。

厚生労働省の指導では、それぞれの1日の食事での摂取比率は「たんぱく質15％、脂質25％、炭水化物60％」とされていますが、これだとあまりピンとこないですよね。

そのため、私は野菜（食物繊維・ビタミン・ミネラル）も含めて、わかりやすく次のようにお伝えしています。

この量を1食当たりの目安として、栄養バランスをとることをおすすめします。

「バランスよく」が目標！ 1食当たりのたんぱく質・炭水化物・脂質の摂取量目安

たんぱく質は
「肉・魚・卵を手のひら1枚分」

炭水化物（糖質）は
「ご飯をこぶし1個分」

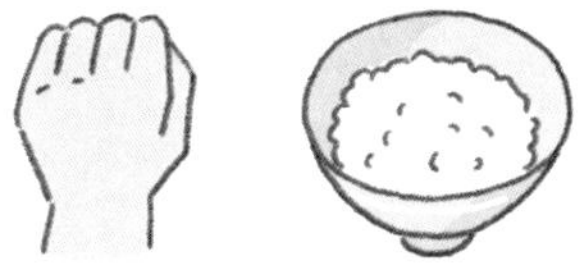

野菜は
「両手のひらでつくったお皿にたっぷり1杯分」

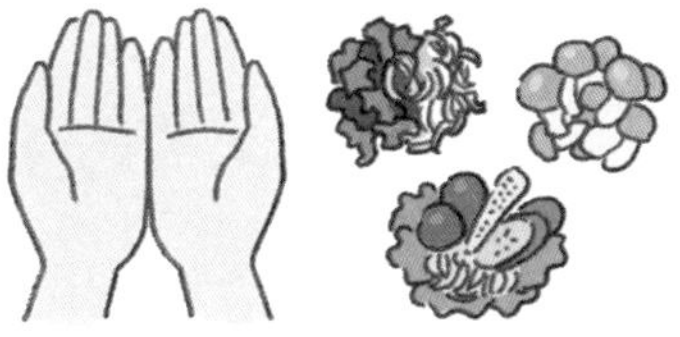

脂質は
「約大さじ1（15g）」

私のダイエット黒歴史

Vol. 5

初めての「痩身エステ」、
効果はあったけれど……?

社会人になり、24歳のときに結婚することになりました。「挙式までに痩せるんだ!」と固く決意してお金を貯め、「痩身エステ」に通い始めたんです。そのエステでは、遠赤外線のドームに入って大量に汗をかいたり、ヒートマットにくるまれながら身体に電極を付けて振動させたり。とにかく大量に発汗するので、1回で1.7kgも落ちたこともあったんです。でも、施術後に「水分をとってはダメ」「数時間はごはんを食べてはダメ」と指導されるんですね。仕事帰りに寄った日は、夕飯を食べずに寝ることも……。確かに順調に痩せましたけど、身体に負担の多い痩せ方ですよね。このツケは、後々払うことになります。

Chapter 5

痩せるために必要な栄養のヒミツ

ダイエットに必須の栄養素

「ダイエットをするぞ！」と決意したとき、多くの方は食べる量を減らすことをまず、考えると思います。

しかし、じつはそれは大きな間違い！　現代女性のダイエットで最も重要なのは、食べる量を減らすことではなく、「必要な栄養を増やすこと」です。なぜなら、健康的で代謝の高い、太りにくい身体をつくるためには、食事の量よりも質を変えることが最優先だからです。

実際に、肥満に悩む女性の多くは、痩せるための栄養が足りていないことがほとんどです。ダイエットにおいては、代謝を活発にするためにたんぱく質と腸内環境を活性化させる食物繊維や発酵食品が必須！　というのはすでにお話しした通りです。さらに、脂肪燃焼を中心とする代謝を働かせるには、各種のビタミン・ミネラルも必要です。これらの栄養が十分にとれていないと、残念ながら太りやすい身体になってしまうのです。

私がダイエットプログラムの受講生たちにそうお伝えすると、多くの方は目をまん丸にして驚かれます。「食べ物にあふれた今の世の中で、栄養が足りないなんてあるの!?」とみなさんも驚くかもしれませんね。

しかし、受講生のみなさんに食事日記をつけてもらうと、ほとんどの方に次のような問題点が見えてきます。

①欠食が多い
②たんぱく質が極端に少ない
③食物繊維がとれていない

まず、欠食についていうと、特に朝食を食べない方が多くいらっしゃいます。私は先にお伝えした通り、基本的に3食とることをおすすめしているのですが、それは、痩せるのに必要な栄養をしっかり補給するため。さらに加えて、食べることで身体の代謝スイッチをオンにするためなのです。

ちゃんと食べないとダメだよ
栄養足りないと太るの!?

人間の身体がエネルギーを消費する代謝には3つあり、生きているだけで消費している**「基礎代謝」と、身体を動かすことで消費する「活動代謝」、そして、食べ物を消化することで消費する「食事誘発性熱産生」**です。

朝は特に、**朝食を食べることで胃腸が働き出し、食事誘発性熱産生が起こることで血行が高まって体温が上がり、1日の代謝をスムーズにスタートさせることにつながります。**

欠食すると、この代謝が起こらなくなるうえ、痩せるために必要な栄養摂取の機会も失ってしまいます。結果、1日の代謝が低空飛行で始まり、その日は「痩せにくい1日」となるわけです。そのため、私は基本的には1日3食とり、そこでとった食べ物をしっかり消化し、栄養を吸収できる身体づくりを目指すことを推奨しているのです。

たんぱく質については、これまで繰り返しお伝えしてきた通り、ダイエットするにあたっての最重要栄養素。胃腸と筋肉をしっかり働かせて代謝を高め、腹ペタにするためには、腸と筋肉の主材料であるたんぱく質は必須でしたね。

しかし、じつは日本人の1日当たりのたんぱく質摂取量は、食事事情が現代よりもずっと悪かった戦後1950～60年代と同水準であることが、厚生労働省の調査でわかっています。つまり、**「現代日本人はほぼ全員、たんぱく質不足」**といっても過言ではないのです。

食物繊維も毎日の食事でとれていない人が目立つ栄養素のひとつ。その理由のひとつとして、きのこや海藻類の摂取が極端に少ないというのがあるようです。

「野菜はたくさんとらないと！」という健康志向の女性は多いのですが、この2つの食材は意外な盲点になっているようです。きのこも海藻類も、血糖値をコントロールするのに働いてくれる腸内細菌を元気にする食物繊維が豊富な食材の代表格ですから、発酵食品とあわせてたっぷりとってほしいものです。

また、ダイエットを意識すると、カロリーの高い脂質を真っ先に避ける方は多いと思います。糖質制限の考えが一般的になった最近では、糖質が豊富なご飯やパン、麺を避ける人も増えてきました。

確かに、ダイエット的には**脂質も糖質も不足より過剰は気にしたほうがよい栄養素ではありますが、「まったくとらない」というのも問題**があります。

その理由についても、他のダイエットに必要な栄養素のことと一緒に、次から詳しくお伝えしていきましょう。

HARAPETA

ダイエットとたんぱく質

たんぱく質には、肉や魚、卵や乳製品に含まれる「動物性たんぱく質」と、豆や穀物に含まれる「植物性たんぱく質」の2種類があります。動物性たんぱく質はアミノ酸のバランスがよく、身体への吸収に優れること、植物性たんぱく質は食物繊維やミネラルも一緒にとれるなど、それぞれの機能性に違いがあるため、どちらもバランスよく、同量ずつとるのが理想的です。

では、**1日にどれぐらいとればよいのか**というと、**目安は「体重(kg)×1g」**。肉や魚、卵などのたんぱく源は1食当たり「手のひら1枚分」が目安というのは、すでにお伝えした通り。肉や魚でいうと手のひら1枚分はだいたい100gですから、1食でおよそ20gのたんぱく質がとれる計算になり、**1日3食のトータルで60gくらいのたんぱく質がとれるということになります。**

これくらいとれれば、腹ペタの土台である腸や筋肉を健全に保つことが可能となるでしょう。

たんぱく質の1日の摂取量目安

毎食 たんぱく質 約20g ×3回=1日60gくらい

動物性たんぱく質	:	植物性たんぱく質
1	:	1

たんぱく質は「体重(kg)×1g」を目安にするとOK

HARAPETA

ダイエットと食物繊維

血糖値上昇を抑え、腸内細菌のエサになる食物繊維は、腹ペタの重要なサポーター。**胃の中で水分を含んで膨張したり、消化をゆっくりにすることで満腹感を高めてくれるので、食べ過ぎ防止にもつながります。**

食物繊維には2種類あり、水に溶けやすい「水溶性食物繊維」は食後の血糖値上昇の抑制、水に溶けにくい「不溶性食物繊維」は分解されないまま腸へ届き、便のカサを増やします。それぞれにダイエット効果があるため、どちらもしっかりとりたいもの。

厚生労働省が定める「日本人の食事摂取基準」（２０２０年版）では、**1日の摂取目標は成人女性で18g**ですが、多くの人に不足しているといわれています。下にあげた食べ物を、毎日の食卓に意識して登場させるようにしていきましょう。

食物繊維豊富なおすすめ食品

不溶性食物繊維豊富な食品	根菜、きのこ類、豆類、穀類
水溶性食物繊維豊富な食品	果物、海藻類、葉野菜など

HARAPETA

ダイエットとビタミン・ミネラル

ビタミンやミネラルは「身体の潤滑油」と言われる通り、身体のあらゆる機能を維持するために働いています。

中でも重要な仕事が、三大栄養素であるたんぱく質、脂質、炭水化物（糖質）の分解や合成のサポートです。細胞内で脂肪燃焼を起こすためには、鉄、亜鉛、マグネシウムをはじめとするミネラルや、ビタミンB群、ビタミンCが欠かせません。

つまり、ビタミンやミネラルが不足すれば、エネルギー代謝が滞り、細胞の中に取り込まれた脂肪が燃えなくなる……ということに。

細胞内で脂肪燃焼が活発になるということは、エネルギーがどんどん身体の中であふれ出し、疲れにくく、太りにくい身体になるということ！

ビタミン、ミネラルをしっかりチャージして、脂肪がメラメラ燃える身体にスイッチしていきましょう。

痩せるのに必須のビタミン・ミネラル

ビタミン	ビタミンB群、ビタミンC
ミネラル	鉄、亜鉛、マグネシウム

HARAPETA

ダイエットと糖質・脂質

脂質や糖質はどちらもエネルギーのもととなる三大栄養素ですから、極端にとらないでいるとだるさや疲労感など、低血糖からくる体調不良を起こすことが少なくありません。特に、脂質はエネルギーになるほか、女性ホルモンをはじめとするホルモンや細胞膜、神経組織の材料となるため、健康面、美容面では必須です。

そのため、私は適度に付き合いながら、腸と筋肉の働きを活発にして、それらをしっかりエネルギーに変えることができる身体づくりをおすすめしています。

主食とする糖質は精製した白米や小麦粉は避け、栄養価が高くゆっくり吸収される未精製の玄米や雑穀米、全粒粉などが◎。甘い物が欲しいときは、やはり未精製の甜菜糖や黒糖、きび糖、本みりん、甘酒、はちみつなど、自然の甘さを活かした甘味がベターです。脂質は腸にダメージを与える植物油やトランス脂肪酸はなるべく避けましょう。私は料理には米油やオリーブオイル、ドレッシングなど非加熱で使うときはアマニ油を愛用しています。

おすすめの脂質

生食用	オメガ3（アマニ油、えごま油）
加熱用	米油（低温圧搾）、オリーブオイル

おすすめの糖質

主食	玄米、雑穀米、全粒粉
調味料	甜菜糖、黒糖、甘酒

HARAPETA

ダイエットと麹

私が「麹こそ、ダイエットの要！」と確信したのは、40代になった頃です。中年太りと様々な体調不良に苦しんだときで、ファスティングを始めたことがきっかけでした。ファスティング後に腸がリセットされ、心も身体も元気になっていくことが、はっきりとわかりました。そこから、「腸を整える発酵食品をどんどん食事で取り入れよう」と強く思うように。そして、そのためには「麹はじつに都合がいい！」という答えに行き着いたのです。その理由は次の通りです。

①麹をまぶすだけで、いつものごはんが発酵食になる

発酵食品をあれこれそろえなくても、いつも食べる肉や魚に塩麹やしょうゆ麹をまぶすだけで、その食材が丸っと発酵食に！　麹が持つたんぱく質分解パワーで、素材自体の肉質がふっくらとやわらかくなり、グンと美味しくなるのも◎。

②肉や魚が持つ栄養の吸収がよくなる

麹を取り入れるメリット

- いつもの食事が発酵食に変わる
- 胃腸の消化を助けてくれる
- お通じが格段に良くなる
- 代謝を上げるビタミンB群が増える

麹はアミラーゼ、プロテアーゼ、リパーゼといった消化酵素が豊富に含まれているため、食材が持つ栄養素を分解、吸収する効果があるんです。そのため、自然と摂取される栄養価が底上げされ、身体にとって一石二鳥に。

③脂肪燃焼をサポートするビタミンがたっぷり！

麹菌は代謝の過程でビタミンB_1、B_2、B_6、ナイアシン、ビオチン、パントテン酸といったビタミンB群を生成する性質があります。「脂肪燃焼のサポートにはビタミンB群が必須」というのは前述の通りですから、まさに「痩せ薬」！

④お通じが格段によくなる

麹には腸内の善玉菌とそのエサとなる食物繊維が豊富なので、頑固な便秘体質も気付けば改善！　溜め込まない身体にスイッチします。

いかがでしょうか？「美味しく食べて脂肪を燃やし、便秘知らずの元気な身体になる」という理想のダイエットを実現するのに、これ以上に都合のよい食材を私はほかに知りません。みなさんも今すぐ、日々の食事に取り入れたくなったのではないでしょうか。

私のダイエット黒歴史

Vol.6

見事に痩せた結婚式→新婚旅行で5kg増！

P.88でお話しした痩身エステのおかげで、結婚式当日は見事痩せました！　身長157㎝で常にぽっちゃり体型だった私が、初めて49kgに!!　私にとって、40kg台は切実な憧れだったんです。ところが、式が終わって新婚旅行から帰ってきたら、たった1週間で5kgも太っていて……。「痩身エステに通わないと太る！」という強迫観念に駆られて、コースの契約や美容器具購入のために「美容ローン」まで組むほどに、沼落ちしていきました。確かにどんどん痩せて、体重はついに41kgに。このときは職場の人に「大丈夫？」と心配されたほど。私自身は、身体の異変に気づいてなかったんですね。

Chapter 6

日常生活の習慣リセットでもっとダイエットがラクに！

HARAPETA

痩せやすい生活習慣ってどんなもの？

私はダイエットプログラムの受講生に、「ダイエットをイベントではなく、日常にしてくださいね」と最初にお伝えするようにしています。

というのも、一時期だけ何とか頑張れるようなことは、絶対に続かないからです。「○○だけ食べるダイエット」や、思い立ったときだけ頑張るわずか数日間の筋トレだけで、「スッキリ痩せた！」という状態を保つことはできないですよね。私自身、散々そういった短期間で極端なダイエットを経験しては、挫折してきました。

そんな私が劇的に痩せられたのは、麹ライフをはじめとする「ずっと続けたいと思える心地よいこと」を生活習慣にしてから。喜んで続けたくなるので、ダイエット成功率はグンと上がりました。どんな生活習慣かというと、次のような「腸活・生活習慣」です。

①調味料は発酵の過程を経たものを選ぶ

塩麹、しょうゆや味噌など、原材料がシンプルで発酵熟成された、腸が喜ぶ発酵調味料を使って毎日の食事づくりをすれば、健康的で美味しいダイエット食が当たり前に！

②腸内環境に負担となるものは避ける

添加物や保存料などは腸内細菌にダメージを与えてしまうため、「○○の素」や「○○のタレ」といった市販の化学調味料は自然と使わなくなりました。P.36で紹介しているドライカレーのレシピのように、市販のルーを使わなくても麹があれば簡単に美味しく仕上がります。同じく、腸壁を傷つけるグルテンを含む小麦粉は米粉に、胃腸に負担がかかるカゼインを含む牛乳は豆乳かアーモンドミルク、オーツミルクに置き換えています。カフェインで胃に負担をかけないように、また、自律神経を乱さないように、コーヒーは嗜好品として1日2杯まで。脂肪分解をストップさせてしまうアルコールも日常的には飲まずにたまのお楽しみ、と自分ルールを決めています。

③チョコチョコ、こまめに動く！

「毎日ジョギング」はとても無理だけど、「駅の階段を上る」「床を拭く」は毎日できると思いませんか？　週に一度のジムトレーニングよりも、日々の生活強度を上げるほうがよっぽど代謝は上がるはず。そのほうがプレッシャーなく、一生続けられるよい運動に！

いかがでしょうか？　どれもやってみると、身体が喜ぶ心地よさが感じられますよ！

HARAPETA

私が愛飲している特製「白湯」の中身

前頁でお伝えしたような、「身体に心地よい痩せる生活習慣」のひとつとして、「朝にほんのり温かな白湯を飲む」というのも、ここ数年続けています。

前夜のうちに沸騰させたお湯を保温ポットへ入れておくと、朝に50℃くらいのちょうどよい温度になっているので、それをカップに注ぎ、液体マグネシウムとレモン汁を適量入れていただいています。

マグネシウムはP．96でお伝えした通り、身体の代謝アップに欠かせないミネラル。そして、レモンはその吸収をサポートしてくれるんです。

私が使っている液体マグネシウムは、ニュー・サイエンスの『超高濃度マグネシウム』。レモンは国産の生レモンを絞ったり、市販の有機レモン汁を使うことも。その特製白湯をカップ2杯分ほど飲むのが、家族みんなの朝のルーティンになっています。マグネシウムは市販のにがりでも代用可能です。

マグネシウムは少量でも苦味があるのですが、私も家族も慣れてきたというよりも、けっこうクセになっていて……少量だと物足りなく感じるようになったほどです。この習慣を始めて7年ほど経ちますが、お通じがよくなったのはもちろん、疲れにくくなったり、ときどき参加する宴席の後も二日酔いになるということがなくなりました。

朝一番に胃腸を温めて目覚めを促す、渇いた身体に水分を補給する、お通じをよくするなど、一石三鳥の朝の白湯は、始めてみるとその心地よさにやみつきになること間違いなし。みなさんの「身体に心地よい痩せる生活習慣」に、ぜひ加えてみてくださいね。

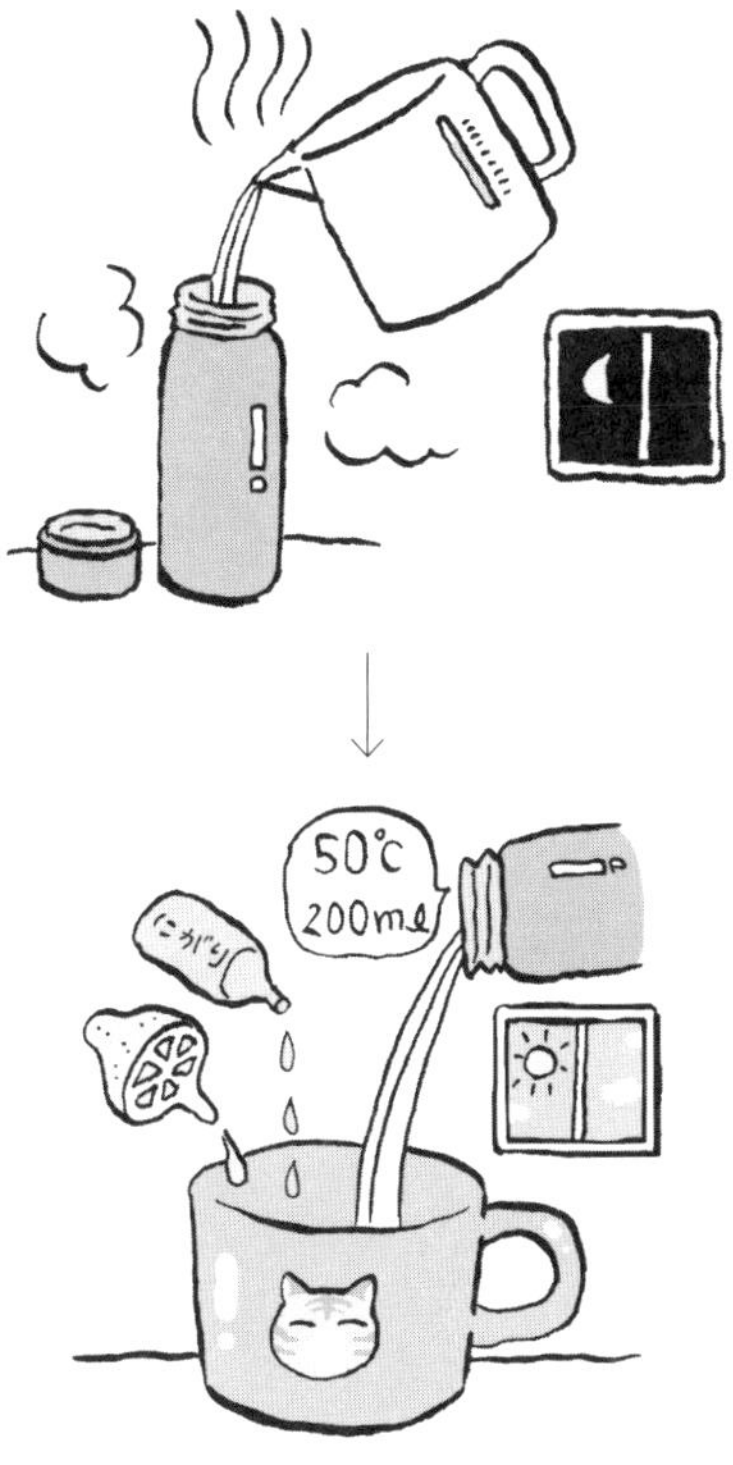

HARAPETA

1日の水分摂取量のベストは？

代謝がいまいち上がらず、なかなかダイエットの効果が出ない人の特徴のひとつに、「水分摂取量が少ない」というのがあります。

「むくむのがイヤだから……」という理由から、水をあまり飲まない女性がときどきいますが、じつはこれがダイエットには逆効果！　水分摂取が少ないことから、血液がドロドロになってしまって代謝が落ち、逆にむくみがとれにくくなる……という悪循環に陥ってしまいます。

腸内も、水分摂取量が少なくなると便が硬くなることから、お通じが滞るようになってしまいがちです。逆に、十分な水分があれば、腸は働きを活発にしてくれますから、要らないものをスムーズに排泄するためにも、水は必須なのです。

では、どれぐらいとればよいのか？　というと、おおよその目安として「1日に体重(kg)×30〜40㎖」と言われています。体重50kgの人なら、1．5〜2ℓが目安ということ

になります。

「そんなに……!?」と思うかもしれませんが、たとえば前頁のように、朝に白湯をコップに2杯飲めばそれだけでおよそ４００㎖ですから、1日2ℓだとしても朝だけで5分の1をクリアしたことになります。

カフェイン入りの飲料は利尿作用があるため、水分補給としてはカウントできませんが、麦茶やハーブティーなど、ノンカフェインのお茶ならカウントしてＯＫ。昼食後に、午後のティータイムに、夕方の休憩で、食後に1〜2杯ずつの水かノンカフェインのお茶をいただけば、1日分の水分補給は十分可能です。

ちなみに、冷たい水やお茶は、あまりおすすめしていません。代謝を上げるという目的を考えると、身体を冷やすことは望ましくないためです。特に、腸をいたわることを考えると、冷水を浴びせかけることは避けたいですよね。

私は真夏でも、基本的に飲み物は常温でいただいています。みなさんも、冷たい物を食べた後などは、温かな白湯かお茶で胃腸を温めることをおすすめします。

HARAPETA

痩せるのに不可欠な睡眠充実度

なかなかダイエットの効果が出ない人の意外な盲点として、「睡眠不足」があります。
昨今、睡眠に関する研究が世界中で行われ、次々と新しいことがわかってきましたが、その中のひとつに「睡眠時間が短いと肥満になりやすい」ということが明らかになってきました。みなさんはご存じでしたか？

アメリカ・メイヨークリニックの研究によると、4時間の睡眠をとるグループと、9時間の睡眠をとるグループに分け、それぞれの体組成に与える影響を調べたところ、4時間睡眠を2週間続けたグループは、内臓脂肪が11％も増加したことがわかったそうです。
体重にすると0・5kg増量したというのですから、慢性的な睡眠不足が数カ月続いたとしたら……と考えると、ゾッとする話ですよね。

厚生労働省が行った健康実態調査（令和4年度）によると、平均睡眠時間が6時間に満たない日本人女性が全体の41・6％も占めていることがわかりました。つまり、女性の4

割以上は「睡眠不足による肥満リスクを抱えている可能性が大」といえるかもしれません。睡眠不足は身体のエネルギー代謝を低下させたり、ストレスから食欲が増すことで食べ過ぎの原因にもなります。また、便を押し出すための腸の蠕動運動が活発に行われるのは、睡眠時です。そのため、しっかり眠らないと腸の動きが滞り、便秘の原因にもなってしまいます。

腹ペタのためにも、睡眠は必須！　というわけです。

十分な睡眠時間がどれくらいなのかは個人差がありますが、朝、すっきりと目覚められるくらいの時間——できれば7時間半～8時間を確保したいですね。

ちなみに、私は子どもが小さい頃は一緒に寝落ちしていたので、毎日9時間も寝ていた時期がありました。しかし、ちっとも痩せることがなかったのです。それはなぜかというと、寝る直前まで食べ物を口にしていたため、お腹いっぱいの状態で就寝していたからでした……。みなさんは私のような失敗がないように、就寝の3時間前には食事を終え、胃をすっきり軽くしてからベッドへ入るようにしてくださいね！

HARAPETA

ダイエットに必須の何でも記録のススメ

「レコーディングダイエット」という言葉を耳にしたことがある方は、多いのではないかと思います。その名の通り、食べた物や体重などを日々、記録をするだけの、シンプルなダイエット法です。最近では、これらを記録するためのアプリもたくさん目にするようになりましたね。

私も、ダイエットプログラムの受講生には、食日記をつけることをおすすめしています。特に詳細な報告をしてもらうものでもなく、ただ、どんなものを食べているのかをみんなで共有できるように、グループチャットで食べた物の画像を上げてもらう……というごく簡単なものです。

こうして、食べた物を客観視することは、いろいろな気づきを私たちにもたらしてくれます。

・体重が増えたとき、その前の日の食事に脂っこい物が多かったこと
・仕事の合間に、ちょっとしたお菓子を頻繁に食べていたこと
・たんぱく質をとっていたつもりだったけど意外ととれていなかったこと
・いつも食べている野菜の色が偏っていること

これらは記録して「見える化」することで、初めて意識に上り、気付くことができるようになります。それほど、私たちは日々、無意識に何かを口にしているものなのです。

また、仲間と情報をシェアすることで、自分では気が付かなかったことを教えてもらえたり、モチベーションが高い人からよい刺激を与えられたりするなど、ポジティブな影響を互いに受けることも少なくありません。

手帳に書く、アプリに記録する、仲間とチャットで情報共有するなど、自分の続けやすい方法を見つけて、「食の見える化」にチャレンジしてみてください。

私は食事記録を
ダイエットプログラム用の
Instagramにアップしています！

ダイエットのモチベーションのつくり方

「ダイエットを日常にしよう」というのは、先述の通り、私の推奨するスローガンです。そのため、「一生続けたいと思う心地よい方法」を選択してほしいので、ダイエットのモチベーションについても、瞬間的なヤル気はあまり必要ないと、私は考えています。

たとえば、歯磨きをするために、高いモチベーションを持っている人はあまりいないと思います。「歯磨きをしないと、気持ち悪いし何となく落ち着かない……」くらいの感覚ではないでしょうか？

ダイエットも、それくらいのうっすらゆるい感覚……言い換えれば、「当たり前の習慣」くらいにできたら、理想的だと思うのです。

強過ぎる想いは、逆に、ダイエットの失敗につながることが多いと私自身は感じています。たとえば、ダイエットが続かない受講生に多い特徴として、次のようなものがあります。

①完璧を求めている
②他人と比べる
③結果を急ぐ
④一人で頑張る

これらすべてが、ダイエット脱落の引き金となります。①から④までのすべてが、力み過ぎていて「心地よい日常」にはそぐわないですよね。

そのため、スタートダッシュはいいのですが、もともと無理なことが多いために、自分へダメ出しばかりするようになり、徐々に息切れしてしまって「もう疲れた……どうにでもなれ！」と、パタッと挫折してしまうのです。

麹ダイエットのモチベーションは、あくまで「それが心地よいから」でいきましょう！「自分に優しいモード」で、大正解です。

毎日、心地よいからやりたい。心地よいから楽しみ。気持ちよいから気分が上がる。

それが、「麹で腹ペタダイエット」を生涯続けられる、秘訣となるはずです。

私のダイエット黒歴史

Vol. 7

体調を崩して入院！
お金も努力も水の泡に

41kgまで痩せた頃、突然背中に鈍い痛みを感じ、慌てて病院に行ったんです。「尿管結石」と診断され、即入院に！　20代の女性には珍しいらしく、「水分不足だとなりやすいけれど、何か思い当たる？」と先生に聞かれ、「ああ、あの痩身エステが引き金かも」って。病室で点滴を受けながら、「ダイエットで身体を壊すなんて」と自分が情けなくなりました。その頃には車１台分くらいお金をつぎ込んでいたけれど、すっぱり痩身エステからは卒業！「飲まない、食べない、我慢するダイエットはダメだ！」と骨身に染みて、身体を立て直すために「食」について学び始めました。これが麹との出合いにつながっていったのです。

Chapter
7

3カ月ダイエット、その後の過ごし方

HARAPETA

リバウンドではない体重の幅を決めておく

3カ月のダイエットプログラム講座を修了した受講生からは、「体重が落ちた」「お腹がぺったんこになった」など、身体の変化を実感するお声をいただきます。

でも、本当に大切なのは、ここから先！　そう、「リバウンド対策」です。私自身、何度も何度も、リバウンドを繰り返してきたんですね。その結果たどり着いた、ダイエットを継続する秘訣は「体重だけをゴールにしない」ことです。体重が減ったという解放感からドカ食いしたり、食生活が元に戻ってしまう人は、決して少なくありません。

そもそも、食べた物や便通などによって、体重は日々1〜2kg増減しますし、女性は生理の前後でも、体重が変化します。たった1〜2kgに一喜一憂するより、「ウエストサイズが減った」「パンツがキレイにはきこなせるようになった」など、いろいろな角度でダ

イエットの成果を実感できたほうが、モチベーションが継続します。

ただし、体重に振り回されるのは本末転倒なのですが、「ひとつの指標として意識する」のはよいと思っています。ときには外食が続いて、体重が増えてしまうこともありますよね。私自身は1・5〜2kg増えたら「そろそろ危ないな」と、おうちごはん中心の生活に切り替えています。体重はあくまで、危険ゾーンを教えてくれる指標なんですね。

この危険ゾーンの幅は人によって違うので、**自分の中で「リバウンドではない体重の範囲」を決めておきましょう！**「食べ過ぎで苦しい」手前でやめる、腹八分目の感覚でもいいですね。麹生活とファスティングを続けていると、この感覚が自然に身に付きます。

リバウンドに関してもうひとつ、第2章のファスティング後についてお話ししておきましょう。**ファスティング直後は、平均2〜3kgほど体重が落ちますが、普通の食事に戻すと1〜1・5kgくらい戻ります。**これは自然なことですから、リバウンドとはとらえなくて大丈夫！　身体は普段、食から得た糖質類をエネルギーにして活動しています。肝臓や筋肉に蓄積しているグリコーゲン（糖の一種）が、ファスティングあけに食事を始めると再び貯蓄されるためですので、安心してくださいね。

HARAPETA

つい食べちゃった……罪悪感との向き合い方

「我慢できずに食べちゃった」という経験は、きっと誰にでもあると思います。私は過去に何度もあって、そのたびに自分を責めていました。今でもときどきありますが、昔に比べるとずいぶん減りました。大きな理由は、食事や生活の選択肢が増えて、「自分で選べるようになった」からです。

たとえば、子どもと外出したときには、アイスクリームを頼んで一緒に「美味しいね」と楽しみます。そのかわり、翌週は麹を使った温野菜中心の食生活にする、外食が続いた後にはファスティングするなど「調整する選択肢」が複数あります。

以前の私にとって、食べること＝「太ること」であり、常にエステやサプリなど、「自分以外の何か」に依存して痩せようとしていました。今は「痩せやすい身体をつくるためには、正しい食事が必要」と理解しているので、何を食べ、食べた後に何をするのか、自分で納得して選択しています。だから、罪悪感に振り回されなくなりました。

大人のダイエットで最も大切なのは、体重が落ちることだけではなく、このように「マインドが切り替わること」なんですね。これは、本書やダイエットプログラムを通じて、私が最もお伝えしたいことでもあります。

そうはいっても、長い人生の中では「仕方のない時期」もあると思います。受講生の中にも、「子育て中で、自分の食事のことは後回し」「仕事が忙しくて、つい外食に頼ってしまった」という方がたくさんいます。むしろ、そんな大変なときに頑張っているのはすごいと思いますし、ご本人にもそのようにお伝えするんですね。そのうえで、「今の優先順位として、どちらを大切にしたいですか？」と、ご自身で答えを見つけていただくんです。

食と上手に付き合って、ダイエットを継続するには、「自分で納得して、選んでいただくこと」がとても大切です。このお話は、次の頁でもう少し続けたいと思います。

HARAPETA

食べること以外の「発散法」を見つける

第二子を出産して仕事復帰したとき、私はひと息つくたびに、お腹がすいていなくても何か口に放り込んでいました。食べる物を「自分で選ぶ」どころか、「無意識に口にしていた」状態ですね。今思えば、幼い子どもたちの面倒をみながら、仕事も家事もこなさなければならないストレスを、食べることで発散していたのだと思います。

「お腹いっぱいでも食べてしまう」「無性に甘い物が欲しくなる」、その裏側には、何か別の理由が隠されていないでしょうか？　特にダイエット中に「食べたい！」という衝動を感じた場合、その気持ちをごまかしていると、あとで必ず反動がやってきます。

そんなときには、可能なら一度、自分自身の状態を客観的に振り返ってみることをおすすめします。物理的なことでいうなら「ダイエット中とはいえ、さすがに食事が足りていないんじゃない？」とか「無理に制限し過ぎていない？」といったことですね。心理的な面でいうと、ご自身の中で「我慢していること」はないでしょうか。言いたいことが言えなかったり、**自分自身を優先できない状況の「憂さ晴らし」として、食にはしってしまう人は、**決して少なくありません。私自身が、まさにこの状態でしたから……。

まずはそこに気づけると、意識のスイッチが切り替わります。「人に気を遣い過ぎるのをやめて、もう少し本音で話してみよう」とか。すぐに意識を変えるのが難しい場合は、**食べること以外に、没頭できることを見つけておけるとベストです。**

講座の受講生で、推し活にハマっている方がいらっしゃいます。韓国アイドルのライブに行くために痩せようと頑張っていて、「くじけそうなときは、推しの動画を見ると気分が上がるんです」と、笑顔でおっしゃっていたのが印象的でした。ダイエットのモチベーションとしては、とてもポジティブでいいなと感じます。

趣味でも習い事でも、「食」以外の方法で、心に栄養を与える方法をぜひ見つけてみてください。ダイエットの成功はもちろん、人生にも充実感をもたらしてくれるはずです。

HARAPETA

目標は「調子のいい身体」

私は普段、公認心理師として、主に0歳から15歳までのカウンセリングをしています。なかでも今の10代は、外見の関心が非常に高いんですね。ダイエットにも興味津々で、一見痩せて見える子も、「あと3kg痩せたい」と口グセのように話します。食べないダイエットをしている子も多く、度が過ぎる場合は、摂食障害になるリスクも見逃せません。

そんなときにはまず、彼女たちに痩せたいと思った経緯を聞いてみるんです。痩せたい理由がネットの広告やインフルエンサーの発言だった場合、「それは一方向からの情報で、じつはいろいろな意見があるんじゃない?」と、客観的に伝えます。すると、次のカウンセリングまでに「ネットでたんぱく質がいいっていう人もいた!」と、自分なりにいろいろ調べてくるんですね。客観的な視点を得るきっかけになるわけです。

心理学用語で「メタ認知」といいますが、自分のことを客観的に認識することは、ダイエットにおいてもとても重要です。前項でお伝えしたように、「ストレスの裏返しで食にはしってはいないか」、そして「食べること＝悪」という認識で行っていないか、一度ご自身を振り返ってみてください。もしそうだとしたら「自分にとって調子のいい身体」とはどんな状態か、客観的に答えを探していただけたらと思います。そして、その調子のよい身体を目指すことが、私のダイエットプログラムの目的です。

麹を使った料理は、美味しく食べながらお腹の調子を整えて、痩せやすい身体をつくってくれます。お腹＝腸内環境が整うことで、メンタルの安定にもつながり、心身ともにすこやかに整えてくれるはず。そして、何より美味しいので、無理なく続けられるのもメリットなんですね。

冒頭の10代の女の子たちに対して「痩せるためにも、栄養が必要なんだよ」と伝えてはいますが、結局のところ彼女たちはまだ、自分で食事をつくるような年代ではないことがほとんどです。私が麹の講座を始めたきっかけは、「まずは大人の方たちに、正しい食生活の情報をお届けしたい」と思ったからです。麹ダイエット生活は、ご自身が痩せるだけの食事ではなく、総合的に調子のいい身体が目ざせると信じています。

HARAPETA

アラフォー世代以降のダイエットの極意

ここまで、麹を取り入れた食生活や、隙間時間にできる簡単な筋トレ、そして、ダイエットと向き合う心のあり方についてお伝えしてきました。これらは、長年ダイエットを繰り返した末に、ようやくたどり着いた方法です。

「私のダイエット黒歴史」のページでもお伝えした通り、私自身は10代の頃から何度もダイエットに挑戦しては、リバウンドを繰り返してきました。**無理や我慢を重ねるダイエットは長続きしないと身に染みて感じました**し、食べないダイエットは、一時的に痩せたとしても、前より太りやすい体質になってしまいます。

さらに、自身がアラフォー世代になって、しみじみ実感しているのが**「以前より痩せにくくなった」こと**です。基礎代謝や筋肉量が低下して、脂肪が燃焼しにくくなりましたし、消化力も低下しますから、食べた物をうまくエネルギーに変換しにくいことも関係しているでしょう。大人世代のダイエットの難しさは、このような「年齢による体質変化」と向き合わなくてはいけない点にあります。

その一方で、アラフォー世代は、仕事や子育てで、最も忙しい年代でもありますよね。ただでさえ毎日頑張っているのに、さらに無理を重ねるダイエットは、続きっこありません。だからこそ、このプログラムは、ダイエットを「一時的に頑張るイベント」ではなく、「日常生活そのものにする」スタイルを追求しています。

麹を使った料理は、毎日美味しく食べられて、大きくリバウンドすることもありません。腸内環境が整うことで、この後の人生をずっと健康に過ごせる食習慣でもあります。

何より、ダイエットをしている自分だけでなく、家族と一緒に囲む食卓が豊かになるのが麹料理の魅力でもあります。家族のメタボ予防にもなりますし、お子さんがいらしたら、成長期の腸をすこやかに整えてくれるでしょう。ぜひ、このまま続けてみてください。軽やかな身体と、家族全員の健康な人生が待っているはずですから。

EPILOGUE

最後に、少し私のルーツの話をしようと思います。私がどうして、無理と我慢のダイエットを重ねてきて、痩せたくても痩せられないと半ばあきらめかけていたのに、本気で自分の身体と向き合うことに決めたのか。じつはそれには私のルーツも関係しているからなのです。

それは、決して太っていたわけではない、不摂生な食事をしていたわけでもなかった母が、36歳で糖尿病になってしまったから。また、私自身も当時の母と同じ30代後半で不調が頻発し、血糖値が高いことがわかって、遺伝だからなのかもしれないと思うように……。

そこで、やっと真剣に身体と向き合わねばと一念発起！　ファスティングや麹、分子栄養学と学んでいくにつれ、栄養や身体の仕組みについてあまりに無知だったということがよくわかりました。

学んできてわかったことは、健康やキレイをつくっているのは、ほかでもない【自分自身】だということ。だからこそ、みなさんには、過去の私のように遺伝や無知に翻弄されるのではなく、自分自身で変えていけるという主体的な感覚をぜひもっていてほしいなと思うのです。自分自身でお腹の中から心と身体を整え、大切な家族や大切な人たちとの時間を味わって分かち合う人生を歩んでいただきたいのです。

お腹の中から元気で、やりたいことにチャレンジできる。

会いたい人に会いに行ける。自分の好きなことを大好きだと言える。

お腹の中からの望みを叶えられる。そんなあなたでいてほしい。

それはお腹の中から元気だからこそ叶うこと。

本書ではお腹をすこやかに整える麹のレシピや、腸内をリセットできるファスティング、簡単なおうち筋トレをご紹介してきました。どれも自分自身でお腹の中から整えられるメソッドです。ぜひ本書をフル活用していただき、みなさんの心身の健康のお役に立てていただけたら、これ以上うれしいことはありません。

終わりに、いつも私を大きな心で支えてくれる夫や子どもたち、それから私の大切なルーツである両親。私にファスティングと栄養の大切さを愛情深く教えてくださった鳥居希美先生。私に麹づくりという大きな翼を授けてくださった鈴木ひろみさん、本当にありがとうございます。そして何より講座やレッスンを受けてくださった大切な受講生のみなさま、いつも温かいメッセージをくださるフォロワーのみなさん、本当にありがとうございます。

今後もみなさんと一緒に、10年先も続けられる麹ダイエットライフで、美味しく幸せなダイエットを味わっていきたいと思います。

2024年2月吉日　のぞみ

のぞみ
一般社団法人「日本麹クリエイター協会」シニア麹マスター／一般社団法人「分子整合医学美容食育協会」プロフェッショナルファスティングマイスター／分子栄養学カウンセラー／BESJマットピラティストレーナー／公認心理師／臨床心理士
母が30代で糖尿病となったことや数々の失敗ダイエットの経験から、自分自身の身体と真剣に向き合うべく、分子栄養学やファスティング、麹への造詣を深める。分子栄養学の考えも取り入れた「麹ごはん」を自ら実践し、痩せただけでなく、お腹の内側から健康的な身体を手に入れる。麹ごはんにファスティング、マットピラティスも取り入れたプログラムでダイエット講座を開催。自然とお腹が痩せる麹ライフを提唱し、Instagramで発信している。
Instagram @nozomi_koji_onakabijin

麹《こうじ》で腹《はら》ペタダイエット

2024年３月22日　初版発行

著者／のぞみ

発行者／山下　直久

発行／株式会社KADOKAWA
〒102-8177　東京都千代田区富士見2-13-3
電話　0570-002-301（ナビダイヤル）

印刷所／大日本印刷株式会社

製本所／大日本印刷株式会社

ISBN 978-4-04-606776-0　C0077